Hélène Cixous

엘렌 식수 / 이봉지

<컴북스이론총서>는
현대를 호흡하는 사상가들을 소개합니다.
단순한 사상의 축약, 해제가 아닙니다.
해당 사상가를 연구해 온 전문가가 직접
사상가의 핵심 키워드 10개를 뽑아 해설하고 비평합니다.
인간과 비인간, 현실과 가상, 문화와 야만의
경계를 넘나드는 모든 사상을 싣겠습니다.
오늘을 살아가는 모든 이의 나침반이 되겠습니다.

컴북스이론총서

엘렌 식수

이봉지

대한민국, 서울, 커뮤니케이션북스, 2025

엘렌 식수

지은이 이봉지
펴낸이 박영률

초판 1쇄 펴낸날 2025년 7월 4일

커뮤니케이션북스(주)
출판 등록 제313-2007-000166호(2007년 8월 17일)
02880 서울시 성북구 성북로 5-11
전화 (02) 7474 001, 팩스 (02) 736 5047
commbooks@commbooks.com
www.commbooks.com

ISBN 979-11-430-0677-6 04160

책값은 뒤표지에 표시되어 있습니다.

'여성적 글쓰기'의 이론가, 작가 그리고 극작가

엘렌 식수(Hélène Cixous, 1937～)는 '여성적 글쓰기(écriture féminine)'의 이론가로, 뤼스 이리가레(Luce Irigaray), 쥘리아 크리스테바(Julia Kristeva)와 함께 프랑스 탈구조주의 페미니즘의 대표적 이론가로 간주된다. 이들은 정신분석학적 관점에서 여성성과 여성의 글쓰기라는 문제에 접근했으며 1970년대부터 주요 저작들을 내놓기 시작했다는 공통점이 있다. 토릴 모이(Toril Moi)는 이 세 사람을 "프랑스 페미니즘 이론의 주류를 가장 잘 대표"(Moi, 1985: 113)하는 이론가로 간주했다.

그러나 식수는 이리가레, 크리스테바와 달리 이론가인 동시에 소설가이자 극작가이기도 하다. 식수는 이론적 글쓰기를 통해 '여성적 글쓰기'를 주창하는 동시에, 스스로 창작 활동을 통해 이를 실천하려 했다. 식수의 이러한 실험성은 특히 픽션에서 두드러진다. 식수는 40편 이상의 픽션을 창작하며 다양한 '여성적 글쓰기' 실험을 시도했다. 이 외에도 14편 이상의 희곡을 집필했으며, 이론 측면에서도 23권

이상의 이론서와 수많은 논문을 집필했다. 식수의 글쓰기는 그녀의 나이 아흔을 바라보는 현재까지 진행되고 있다.

식수의 작품 활동은 크게 네 단계로 나눌 수 있다. 첫째는 정신분석적 독서를 통한 개인적 해방의 단계로, 초기 픽션과 이론서들이 여기에 속한다. 둘째는 여성 해방을 위한 집단적 투쟁의 단계로, 여성성과 '여성적 글쓰기'에 관한 이론들이 주로 이 시기에 발표되었다. 셋째는 1980년대 중반 이후의 약 15년간으로, 이 시기에 식수는 주로 희곡 작품들을 통해 제3세계와 여타 소외된 계층의 목소리를 전달했다. 넷째 단계는 1990년대 말 이후의 자전적 단계로, 픽션과 에세이를 통해 알제리에서 보낸 자신의 어린 시절이나 부모와 친척들의 이야기로 돌아간다. 이 네 단계는 모든 질곡으로부터의 인간 해방을 꿈꾸는 식수의 지적 여정을 보여 주며 서로 밀접하게 연관되어 있다. 식수의 글쓰기에는 개인적 차원과 도덕적·정치적 차원이 융합되어 있기 때문이다.

식수의 삶과 글쓰기의 여정

엘렌 식수는 1937년 6월 5일 알제리의 오랑에서 태어났다.

식수의 어머니 에브 클라인(Eve Klein)은 독일의 오스나브뤼크(Osnabrück) 출신으로 나치의 박해를 피해 알제리로 피난을 왔다. 아버지 조르주 식수(Georges Cixous)는 스페인과 모로코를 거쳐 알제리에 정착한 유대인 가계의 후손으로, 엘렌 식수가 11살 때인 1948년에 폐결핵으로 사망했다. 남편 사후 엘렌의 어머니 에브는 산파 일을 했으며, 1971년 알제리 당국에 의해 쫓겨날 때까지 알제리에서 살았다.

프랑스 식민지인 알제리에 사는 유대인이라는 식수의 신분은 그녀의 정체성 형성에 큰 영향을 미쳤다. 식수의 고향 알제리는 소수의 프랑스인이 다수의 아랍인을 통치하던 사회였다. 식수는 물론 피식민지인인 아랍인이 아니었다. 그러나 완전한 프랑스인도 아니었다. 식수가 처음으로 배운 언어는 프랑스어가 아니라 독일어였다. 이는 프랑스어에 서투른 식수의 외할머니 때문이었다. 또한 식수의 가족은 유대인이란 이유로 백인들 사이에서 차별받았으며 이 때문에 그녀는 어릴 때부터 억압과 차이와 차별에 대한 첨예한 인식을 가지고 있었다. 학창 생활 동안 이 인식은 더욱 커졌다. 중등학교 때 식수는 자기 반에서 유일한 유대인이었다. 알제리의 프랑스 학교에는 유대인 쿼터가 있었기 때문이다.

이러한 상황은 프랑스에 온 이후에도 크게 달라지지 않았다. 식수는 1955년 기 베르제(Guy Berger)와 결혼해 파리로 가서 라카날고등학교의 고등사범학교 준비반(우리나라의 대학 교양 과정에 해당한다)에 들어가는데, 여기서도 그녀는 유일한 북아프리카 출신 학생이었다. 식수의 이러한 가족 상황과 어려서부터 경험한 사회적·정치적 갈등은 정체성 문제와 여성의 억압을 비롯한 여러 형태의 억압 문제에 관한 글쓰기의 단초가 되었다.

1956년 식수의 남편 기 베르제는 중학교 철학교사 자격시험에 합격해 보르도에 발령받는다. 식수는 베르제와 함께 보르도로 가서 고등학교 영어교사 자격시험을 준비한다. 1958년 그들의 첫 딸인 안에마뉘엘 베르제(Anne-Emmanuelle Berger)가 태어난다. 같은 해 식수는 중학교와 고등학교 영어교사 자격시험에 연달아 합격한다. 1959년 기 베르제는 징집되어 알제리 독립전쟁에 투입되고, 식수는 보르도 근처의 아르카숑고등학교 영어교사로 부임한다. 식수는 1960년부터 제임스 조이스(James Joyce)에 관한 박사 학위 논문을 준비한다. 그해 태어난 첫째 아들은 1년 후 사망하고, 같은 해 둘째 아들 피에르프랑수아(Pierre-François)가 태어난다.

1962년 식수는 보르도대학교의 조교수가 된다. 같은 해 알제리 출신의 철학자 자크 데리다(Jacques Derrida)를 만났고, 그들의 우정은 2004년 데리다가 죽을 때까지 평생 지속된다. 데리다의 텍스트 분석 전략인 '해체주의' 그리고 서양 철학을 지배한 '로고스중심주의(logocentrisme)'와 이항대립에 대한 그의 비판은 식수의 사상 체계에 큰 영향을 미쳤다. 1963년 식수는 그녀의 사상에 큰 영향을 미친 또 하나의 인물인 자크 라캉(Jacques Lacan)을 만난다. 남근을 우월적 상징으로 해석하는 라캉의 이론에 대한 식수와 이리가레의 비판은 서양 철학을 지배하는 '남근중심주의(phallocentrisme)' 일반에 대한 비판으로 확대된다. 1964년 식수는 베르제와 이혼한다. 이듬해 파리 소르본대학교의 전임 강사로 임용되어 파리로 이사한다. 1967년에는 처녀작인 소설 ≪신의 이름(Le Prénom de Dieu)≫을 발표하고 낭테르대학교의 교수로 임용된다.

1968년 기성 사회에 대한 프랑스 대학생들의 항거인 5월 혁명의 결과로 실험적 대학인 파리8대학이 설립된다. 식수는 그 과정에 중요한 역할을 한다. 또한 이 대학의 교수인 제라르 주네트(Gérard Genette), 츠베탄 토도로프(Tzvetan Todorov)와 함께 문학잡지인 ≪시학(Poétique)≫을 창간하며, 같은 해에 제임스 조이스에 관한 연구로 박사 학위를 받는다. 1969년 식수는 파리8대학 영문과 교수로 임용된다.

또한 같은 해에 발표한 소설 ≪내부(Dedans)≫로 권위 있는 문학상인 메디시스상(Prix Médicis)을 받는다. 자신의 아버지의 죽음을 중심으로 전개되는 이 자전적 소설에서 식수는 '나', 즉 주체의 발생 과정을 보여 주면서 앞으로 그녀가 천착할 언어와 상징계의 관계에 주목한다.

1974년 식수는 파리8대학 내에 여성학센터를 창설해 유럽 최초로 여성학 박사 과정을 개설한다. 1975년은 식수에게 매우 중요한 해다. 식수는 어쩌면 그녀의 가장 중요한 저작일지도 모를 "메두사의 웃음(Le rire de la Méduse)"을 ≪라르크(l'Arc)≫에 게재한다. 같은 해 식수는 이 논문을 확장한 저작 ≪새로 태어난 여성(La jeune née)≫을 카트린 클레망(Catherine Clément)과 공동 집필했고, 이후 10여 년간 페미니즘의 주제를 다룬 여러 저작을 발표한다.

1980년대 들어 식수의 글쓰기는 장르와 주제 면에서 커다란 전환을 이룬다. 1990년에 출판된 논문 "무의식의 장면에서 역사의 장면으로(De la scène de l'Inconscient à la scène de l'Histoire)"라는 논문 제목이 시사하듯, 이전 작품들이 의식에 의해 억압된 무의식, 그중에서도 특히 여성의 무의식 문제를 주로 다룬다면 1980년대 이후에 쓰인 식수의 희곡 작품들은 역사에서 억압된 자들인 제3세계 사람들의 문제를 주로 다룬다. 즉 소설에서 희곡으로의 장르 전환은 주제의 전환을 동반했다. 그 계기가 된 것은 1983년 태양극단(Théâtre du Soleil)의 단장 아리안 누슈킨(Ariane Mnouchkine)과의 만남이다. 누슈킨은 일본의 전통 인형극인 분라쿠(文楽)를 비롯한 동양의 연극 기법을 도입했고, 식수는 이러한 실험적 연극 무대에 역사의 타자인 제3세계 사람들을 등장시켜 그들의 문제를 새로운 시각에서 제시하려 노력했다.

1990년대 후반에 이르러 식수는 다시 자전적 글쓰기로 돌아간다. 오랫동안 그 존재를 알지 못했던 아버지의 편지를 우연히 발견한 것을 계기로 1997년에 ≪오르, 내 아버지의 편지(OR, les lettres de mon père)≫라는 아버지에 관한 소설을 쓴다. 1999년 발표한 ≪오스나브뤼크(Osnabrück)≫는 식수가 태어나기 전 그녀 어머니와 외가 쪽 가족 얘기를 다룬다. 식수 자신과 알제리의 관계에 대한 글쓰기는 에세이 "나의 알제리앙스(Mon Algériance)"를 거쳐 자전적 소설 ≪야생 여인의 몽상(Les rêveries de la femme sauvage)≫으로 나아간다. 여기서 식수는 알제리에서 경험한 어린 시절의 이야기를 픽션 형식으로 풀어 나간다. 이 작품에서 식수의 자전적 이야기는 개인적 차원을 넘어 유대인과 북아프리카라는 더 넓은 영역으로 연장된다. 이로써 식수의 개인사는 그녀가 세 번째 단계, 즉 1980년대 이후 집필한 여러 희곡에서 다른 역사적 타자와 만난다.

1980년대 이후 식수는 국제적으로 인정받게 되었으며 그녀의 작품들이 여러 나라의 언어로 번역되었다. 또한 영국, 캐나다, 미국 등의 여러 대학으로부터 10여 개의 명예박사 학위를 받았고, 프랑스 정부로부터 레지옹 도뇌르 훈장과 공로훈장을 받았다.

여성적 글쓰기: 개념의 탄생과 그 영향

'여성적 글쓰기'는 1970년대 프랑스 여성해방운동의 급진적 그룹인 '정신분석과 정치(Psychanalyse et Politique, Psych et po)' 그룹에서 활동한 이론가 엘렌 식수, 뤼스 이리가레, 모니크 위티그(Monique Wittig) 등이 주창한 개념이다. 이들 중에서 특히 식수는 1975년 발표한 여성적 글쓰기의 선언문 격인 논문 "메두사의 웃음"과 이를 보완 발전시킨 저작 ≪새로 태어난 여성≫에서 이 개념을 구체적으로 설명하고 그 필요성을 역설했다. 또한 식수는 작가로서 여러 작품의 창작 과정에서 다양한 방식으로 '여성적 글쓰기'를 탐색하고 실천했다. 이 때문에 오늘날 '여성적 글쓰기' 개념은 주로 엘렌 식수의 이름과 연결되어 사용된다.

여성적 글쓰기는 때로 '몸으로 글쓰기'로 정의되기도 한다. 물론 이러한 정의는 지나친 단순화라는 우를 범하며 여성적 글쓰기 개념의 전복적 함의를 제대로 전달할 수 없다. 그러나 이러한 결점에도 불구하고 '몸으로 글쓰기'라는 말은 여성적 글쓰기의 중요한 특질을 지적한다. 여성적 글쓰기가 여성의 육체적 특성, 그중에서도 여성의 성적 특질과 관련되어 있다는 점이 그것이다. 식수에 따르면 글쓰기는 성 중립적이지 않다. 지금 이 세상에서 통용되는 글쓰기는 본질적으로 남성의 리비도 경제에 기반한 남성적 글쓰기다. 따라서 여성의 몸을 쓰라는 식수의 요구는 오늘날의 지배적 글쓰기에 대한 도전인 동시에 오랫동안 남성들에 의해 억압되어 온 여성의 몸을 탐색하라는 초대이기도 하다. 쓰기 위해서는 먼저 알아야 하기 때문이다.

식수가 여성의 몸에 첨예한 관심을 갖게 된 데에는 당시의 시대 상황도 큰 영향을 미쳤다. 식수가 자신의 이론을 형성한 1970년대 초의 약 5년 동안 프랑스는 여성의 육체에 대한 논의로 들끓었다. 이러한 논의에 불을 댕긴 것은 1971년 4월 5일 ≪르몽드(Le Monde)≫에 발표된 낙태에 관한 "343인 선언"이다. 1968년 5월혁명 이후 여성 문제에 관심 있는 여성들이 연합해 프랑스 여성해방운동을 조직했다. 이때 이들이 운동의 가장 중요한 목표 중 하나로 제시한 것이 바로 1920년 제정된 낙태금지법을 폐기하고 피임과 낙태의 자유를 획득하는 것이었다. 이러한 목표 아래 시몬 드 보부아르(Simone de Beauvoir) 등 여성 저명인사 343인이 서명한 이 선언은 이 문제에 관한 오랜 침묵을 깨는 획기적인 것이었다.

> 프랑스에서는 1년에 100만 명의 여성들이 낙태를 한다. 제대로 된 의료 체계 속에서 이루어지면 그것은 단지 하나의 수술일 뿐이다. 그러나 낙태가 불법인 까닭에 그들은 위험한 상황에서 이를 행한다. 아무도 이들 100만 명의 여성에 대해 이야기하지 않는다. 오늘 나는 내가 이 100만 명의 여성 중 하나임을 선언한다. 나는 내가 낙태를 한 적이 있음을 선언한다.(Tristan & Pisan, 1987: 48)

이 선언은 프랑스 사회에서 폭탄과도 같은 역할을 했다. 1975년 낙태를 허용하는 베이유법이 제정되기까지 프랑스 사회에서는 여성의 육체에 관한 여러 다양한 목소리가 터져 나왔으며 베이유법에 관한 국회 논의 과정은 텔레비전으로 생중계되기도 했다.

여성적 글쓰기는 여성 육체의 자유를 요구한 "343인 선언"을 계승한다. 1970년대 초 프랑스 여성들이 요구한 것은 낙태의 자유만이 아니었다. 그들의 요구는 더욱 근본적인 권리 문제에 닿아 있었다. 바로 인간인 여성이 자신의 육체에 대해 자유롭게 결정할 권리, 즉 인신의 권리에 대한 요구였다. "여성이 자신의 몸을 써야만 한다"(Cixous & Clément, 1975: 94)는 여성적 글쓰기로의 초대 또한 이와 다르지 않다. 여성적 글쓰기는 "여성들이 자신의 몸에 대한 비언어적이고 무의식적인, 본능적 충동들과 감각에 귀 기울여야"(Blyth & Sellers, 2004: 60) 가능하다. 따라서 여성적 글쓰기는 결국 여성의 성을 되찾는 것이며, 이러한 '성적 자유권'의 회복은 무의식 차원에서 인신의 권리를 되찾는 것을 의미한다.

이렇게 볼 때 여성적 글쓰기는 언어를 바꿈으로써 세상을 바꾸려는 시도다. 그렇다면 이 개념이 주창된 지 반세기가 지난 지금, 이 시도는 어떤 결과를 거두었는가?

무엇보다 먼저 지적할 것은 21세기를 살고 있는 우리에게 여성적 글쓰기 개념은 더 이상 도전적인 개념이 아니라는 점이다. 베레나 콘리(Verena Conley)는 1991년에 출간한 저서 ≪엘렌 식수: 여성적 글쓰기(Hélène Cixous: Writing the Feminine)≫의 서문에서 이미 "식수는 아직도 역사를 만들고 있는가, 아니면 이제 단순히 역사 속의 인물이 되고 만 것일까?"(Conley, 1991: xi)라며 식수의 아방가

르드적 역할이 끝났음을 시사했다. 그럼에도 식수의 여성적 글쓰기 개념의 페미니즘적 의의는 결코 폄하될 수 없다. 그것은 글쓰기에 내재한 (성)정치성에 대한 관심을 환기했으며, 여성의 글쓰기의 특질에 대한 여러 연구와 탐색을 촉발했다. 또한 많은 여성 작가들에게 자신들의 글쓰기를 통해 여성적 글쓰기의 가능성을 탐색할 계기를 제공했다. 식수 자신도 창작을 통해 계속해서 여성적 글쓰기를 실천하고 있다.

이 책의 구성

여성적 글쓰기는 식수 페미니즘 이론의 핵심이다. 따라서 이 책의 1장에서 4장까지는 식수가 왜 그리고 어떤 과정을 거쳐 이 개념에 이르렀는지 설명한다. 5장은 여성적 글쓰기의 주요 개념인 '여성적'이란 무엇인지 설명하며, 6장은 이 '여성적'과 글쓰기를 결합한 개념, 즉 '여성적 글쓰기'를 본격적으로 소개한다. 7장은 식수를 프랑스 페미니즘의 대표인 양 소개한 영미 학계의 프랑스 페미니즘에 대한 왜곡 문제를 다룬다. 8장과 9장에서는 식수의 픽션과 희곡 작품들을 살피며, 10장에서는 알제리에서 태어난 유대인인 식수에게 알제리가 어떤 의미를 갖는지를 다룬다. 이 마지막 세 개 장은 한국에 잘 알려지지 않은 창작자로서 식수의 면모를 소개한다. 이로써 식수에 대한 더욱 균형 잡힌 이해에 기여할 수 있기를 기대한다.

참고문헌

Blyth, I. & Sellers, S.(2004). *Hélène Cixous: Live Theory*. New York: Continuum. 김남이 옮김(2023). ≪엘렌 식수≫. 책세상.

Cixous, H.(1967). *Le Prénom de Dieu*. Paris: Grasset.

Cixous, H.(1969). *Dedans*. Paris: Grasset.(재출간: des femmes, 1986)

Cixous, H.(1975). Le rire de la Méduse. *L'Arc, 61*. 박혜영 옮김(2004). ≪메두사의 웃음/출구≫. 동문선.

Cixous, H.(1990). De la scène de l'Inconscient à la scène de l'Histoire: Chemin d'une écriture. van Rossum-Guyon, F. & Diaz-Diocaretz, M.(eds.). *Hélène Cixous: Chemins d'une écriture*, pp. 105-110. Saint-Denis: Presses Universitaires de Vincennes.

Cixous, H.(1997). *OR, les lettres de mon père*. Paris: des femmes.

Cixous, H.(1999). *Osnabrück*. Paris: des femmes.

Cixous, H.(2000). *Les rêveries de la femme sauvage: Scènes primitives*. Paris: Galilée.

Cixous, H. & Clément, C.(1975). *La jeune née*. Paris: Union Générale d'Édition. 이봉지 옮김(2005). ≪새로 태어난 여성≫. 나남.

Conley, V. A.(1991). *Hélène Cixous: Writing the Feminine*. Lincoln: The University of Nebraska Press.

Moi, T.(1985). *Sexual/Textual Politics: Feminist Literary Theory*. London: Methuen. 임옥희 외 옮김(1994). ≪성과 텍스트의 정치학≫. 한신문화사.

Tristan, A. & Pisan, A. de(1987). Tales from the Women's Movement. In Moi, T.(ed.). *French Feminist Thought: A Reader*, pp. 33-69. Oxford: Basil Blackwell.

차례

일러두기

- 인명, 작품명, 저서명, 개념어 등은 한글과 함께 괄호 안에 해당 국가의 원어를 병기했습니다.
- 외래어 표기는 현행 어문규정의 외래어표기법을 따랐습니다. 단, 'Mnouchkine'과 'de Pisan'은 실제 발음을 고려해 각각 '누슈킨', '드 피장'으로 표기했습니다.
- 인용문에서 고딕체로 강조된 부분은 모두 원저자에 의한 것입니다.

01
메두사

식수가 1975년 발표한 논문 "메두사의 웃음"은 여성적 글쓰기의 매니페스토이자 식수의 대표작으로 간주된다. 여기서 식수는 여성 억압의 근저에 여성의 성에 대한 억압이 있다고 주장한다. 이러한 억압의 대표적 사례로 메두사 신화를 든다. 메두사는 남성중심적 전통이 여성에게 부과한 온갖 금기, 그중에서도 특히 여성의 몸에 대한 금기의 메타포다. 이 전통에 따르면 여성의 몸은 메두사의 머리처럼 추하고, 보는 사람을 돌로 만드는 가공할 힘을 지닌 까닭에 그 누구도 보아서는 안 된다. "메두사의 웃음"에서 식수는 이 신화와 이 신화의 정신분석적 해석인 프로이트의 논문 "메두사의 머리"를 비판하면서 여성에게 전통적으로 부과된 금기를 깨고 메두사를 똑바로 바라보라고 촉구한다.

메두사 신화

메두사는 그리스 신화에 나오는 고르곤, 즉 바다에 사는 추악한 세 괴물 자매들 중 하나다. 메두사의 얼굴은 추악하기로 유명하다. 둥글고 기괴한 얼굴, 텁수룩한 수염, 톱니같이 날카로운 이마, 한 가닥 한 가닥이 모두 뱀으로 이루어진 머리카락, 청동 몸체 그리고 항상 부릅뜬 눈…. 메두사도 원래는 아름다운 여인이었다. 그러나 자신의 아름다움에 취해 자신의 머리칼이 아테나 여신의 머리칼보다 더 예쁘다고 자만하다가 (혹은 아테나 여신의 신전에서 포세이돈과 사랑을 나눴다는 죄목으로) 아테나 여신의 저주를 받는다. 그 아름답던 머리칼은 모두 뱀이 되어 혐오감과 두려움을 불러일으키게 된다.

흉측한 괴물로 변한 자신의 모습을 본 메두사는 큰 충격에 빠져 죽은 자들의 나라로 도망쳐 그곳에서 살게 된다. 게다가 메두사의 눈은 그것을 본 사람들을 모두 돌로 변하게 하는 무서운 힘을 가지고 있었다. 이 때문에 페르세우스는 아테나 여신에게 받은 청동 방패를 거울처럼 사용해 메두사의 얼굴을 보지 않은 채 그녀의 목을 베었다. 그리고 메두사의 머리는 아테나 여신의 방패 아이기스에 붙어 적들을 공포에 질리게 하는 부적이 되었다.

"메두사의 머리"

지크문트 프로이트(Sigmund Freud)는 메두사 신화에 착안해 "메두사의 머리(Medusa's Head)"라는 매우 짧은 논문을 썼다(Freud, 1922). 여기서 프로이트는 이 신화를 성적으로 해석해 메두사의 머리가 잘리는 것을 남근의 잘림, 즉 거세와 등치시킨다. "따라서 메두사의 공포는 거세의 공포다." 오이디푸스 콤플렉스에 대한 프로이트의 설명에 따르면 어린 남자아이는 페니스가 없는 여자의 성기를 보고 그것이 잘렸다고 생각한다. 그리고 이를 통해 거세 공포를 키운다. 메두사 신화는 이러한 남성의 거세 공포에 대한 상징이다. 물론 남자아이가 여성의 성기를 보고 두려움을 느끼는 것은 그것이 본질적으로 무서운 자질을 가지고 있기 때문이 아니라 순전히 관찰자 자신의 심리적 상황 때문이다. 프로이트에 따르면 애초에 어린 소년은 거세의 위협을 믿지 않을 수도 있다. 그러나 그가 여성의 성기를 보는 순간, 거세의 공포는 실체를 갖게 된다. 그는 한편으로 자신이 남근을 가지고 있다는 사실에 대해 안도하면서 다른 한편으로는 언제라도 여성처럼 남근을 잘릴 수 있다는 가능성에 공포심을 느낀다.

그러나 프로이트는 다음 단계에서 아테나의 방패에 부

착된 메두사의 머리가 어머니의 성기를 상징하므로 모든 성적 욕망을 물리친다고 주장함으로써 남성이 갖는 공포심의 책임을 여성에게 전가한다. 즉 여성의 성기를 흉측한 메두사의 머리와 등치시켜 여성의 성기 자체를 두려운 것으로 탈바꿈시킨다. 프로이트는 1923년 발표한 논문 "유아의 생식기(The Infantile Genital Organization)"에서 "공포의 신화적 심벌인 메두사의 머리를 페니스가 결여된 여성 성기가 주는 인상으로 역추적하는" 샨도르 페렌치(Sándor Ferenczi)의 작업을 매우 긍정적으로 평가하기도 했다(Freud, 1923: 144). 메두사의 머리는 예로부터 공포의 상징이었다. 그것은 보기 흉측할 뿐 아니라 보는 사람을 돌로 변하게 하는 강력한 힘을 가지고 있다. 그러니 어찌 두렵지 않을까? 그런데 프로이트에 의해 여성의 성기는 메두사의 머리 그 자체보다 더 무서운 것이 된다. 왜냐하면 그것은 참수된 괴물의 머리일 뿐 아니라 거세하는 어머니이기 때문이다.

이로써 프로이트의 "메두사의 머리"는 주객을 전도한다. 메두사는 원래 여성의 성에 대한 남성의 공포를 상징했다. 그러나 이제 그 공포는 여성 성기 자체의 본성이 된다. 즉 그것은 흉측한 괴물이기 때문에, 또한 마비시키는(거세하는) 끔찍한 능력을 가지고 있기 때문에 당연히 두려움을 불러일으킬 수밖에 없다.

이러한 주객전도는 프로이트에게 특유한 것이 아니다. 전통적으로 남성들은 여성성을 규정하는 데 이를 빈번히 사용해 왔다. 예를 들어 18세기 프랑스 계몽철학자 장자크 루소(Jean-Jacques Rousseau)는 여성의 성욕을 억제하고 여성이 자신의 성적 욕구를 드러내어 표현하지 못하게 하는 것이 인류의 생존에 필수적이라고 보았다. 여성의 성욕은 "무한하기" 때문에 여성들을 그대로 내버려두면 남성들은 모두 그들의 "희생자"가 될 것이며 "죽음으로 이끌려 갈 것"(Rousseau, 1969: 694)이기 때문이다. 물론 이러한 주장은 여성성에 대한 과학적 이해에 기반한 것이 아니라 메두사의 신화와 마찬가지로 남성 자신의 두려움을 여성의 성에 투영한 것에 불과하다.

그럼에도 이 같은 주장들은 적어도 계몽주의 이래 여성성을 규정하는 근거가 되어 왔다. 루소의 주장 역시 그 자신의 독창적인 의견이라기보다는 전통적으로 받아들여져 온 상투적인 주장을 되풀이한 것에 불과하다. 다만 이러한 통념을 '과학적'으로 포장했을 뿐이다. "메두사의 머리"에서 프로이트는 한 단계 더 나아간다. 이제 그 통념에는 신화의 권위가 덧씌워지며 이로써 남성이 규정한 여성성은 신화와도 같은 보편성을 획득한다.

"메두사의 웃음"

식수의 "메두사의 웃음"은 여성성에 대한 이러한 전통적 규정들이 실제로는 남성의 두려움 때문에 생긴, 남성에 의해 여성에게 부과된 이데올로기적 기제라는 인식에서 출발한다. 식수에 따르면 메두사 신화는 남성적 상징체계에 의한 여성성의 억압을 보여 주는 탁월한 사례다. 먼저 메두사 신화는 여성성에 메두사라는 괴물의 이미지를 덧씌워 여성성을 비정상인 것으로 규정한다. 이로써 자신이 느끼는 두려움의 책임을 그 대상인 여성에게 전가하려는 남성의 유아적 욕망은 상징의 차원에 진입한다. 이러한 상징의 힘 덕택에 남성뿐 아니라 여성 스스로도 여성의 성을 두려워하게 된다. 따라서 이는 여성으로 하여금 자신의 성을 탐색하거나 추구하지 못하게 금지하는 가장 효과적인 방법이다.

그리스 신화 속에서 메두사는 스스로의 모습에 경악해 도망쳤다. 마찬가지로 여성은 자신의 성에 대한 일종의 '원죄' 의식을 종용받으며 남성의 두려움을 스스로 내면화한다. 이 때문에 여성은 여성성을 탐험할 수 있는 유일한 주체임에도 불구하고 그것을 들여다보지 못한다. 따라서 자신의 몸으로부터 소외되어 있다.

> 여자가 말을 시작하자마자 사람들은 여자들에게 이름을 가르치는 동시에 여자들의 영역은 검다는 것을 가르쳤다. 너는 아프리카인이다. 그렇기 때문에 너는 검다. 너의 대륙은 검다. 검은 것은 위험하다. 검은 것 속에서 너는 아무것도 볼 수 없다. 너는 두려움을 느낀다. 움직이지 마라. 넘어질 위험이 있으니, 특히 숲속에 가지 마라. 검은 것에 대한 공포, 우리는 그것을 내면화했다.(Cixous, 1975: 14)

'검은 대륙'이란 말을 처음 쓴 사람은 웨일스의 탐험가 헨리 스탠리(Henry Stanley)다. 스탠리는 자신의 아프리카 탐험기 제목에 이 말을 사용함으로써 아프리카가 미지의 대륙이며 탐험하기 어렵고 위험한 곳이라는 점을 강조했다. 스탠리의 의도는 대성공을 거두어 아프리카가 검은 대륙이라는 등식은 19세기뿐 아니라 20세기까지도 아프리카에 대한 대중의 인상을 지배했다. 그로부터 약 40년이 지난 1926년 프로이트는 이 용어를 성인 여성의 성에 적용했다. 프로이트에 따르면 남성의 성에 비해 여성의 성에 대해 잘 모르는 것은 부끄러운 일이 아니다. 성인 여성의 성은 '검은 대륙'이기 때문이다(Freud, 1925-1926: 212). 프로이트의 의도는 분명하다. 아프리카와 마찬가지로 여성의 성 역시 미지의 세계며 탐험하기 어렵고 위험하다는 것이다.

식수에 따르면 여성이 자신의 성에 대해 무지하고 공포를 느끼는 것은 "사람들이 여성으로 하여금 여성의 속성은 '검은 어둠'임을 인정하도록 만들려 애썼"(Cixous, 1975: 10)기 때문이다. "사람들은 여성의 육체를 광장의 불안스러운 이방인, 환자 혹은 죽음으로 만들어 버렸다. 여성의 육체는 흔히 품행이 나쁜 동반자, 억압의 원인이자 장소였다."(Cixous, 1975: 18) 프로이트는 이러한 "사람들"의 대표 격인 인물이다. 식수에 따르면 여성성에 대한 공포는 남성들에 의해 주입된 허구다. 그것은 "그들의 욕망을 현실적인 것으로 이론화"(Cixous, 1975: 29)한 것일 뿐이기 때문이다.

그러나 "메두사의 웃음"에서 식수의 주안점은 프로이트의 이론을 비판하는 데 있지 않다. 식수에 따르면 더욱 시급한 것은 여성의 각성이다. 여성은 여성성을 탐험할 수 있는 유일한 주체다. 그럼에도 여성은 그것을 들여다보지 못한 채 자신의 몸으로부터 소외되어 있다. 식수는 이러한 소외의 원인이 여성성 자체가 아니라 신화를 비롯한 여러 기제를 통한 남성들의 세뇌에 있다는 점을 거듭 강조한다.

> '검은 대륙'은 검지 않다. 또한 탐험 불가능하지도 않다. 검은 대륙이 아직도 탐험되지 않은 것은, 사람들이 우리로 하여금

> 탐험을 할 수 없을 정도로 너무도 검은 대륙이라고 믿게 했기 때문이다. 그리고 우리의 관심은 결핍의 기념비들이 세워진 흰 대륙에만 끌린다고 믿게 하고 싶어 했기 때문이다. 그리고 우리는 믿었다. 사람들은 우리를 두 개의 끔찍한 신화 즉 메두사와 심연 사이에 응고시켰다.(Cixous, 1975: 28)

식수에 따르면 아프리카 대륙을 탐험할 수 있듯 여성의 성 역시 독자적으로 탐구할 수 있다. 식수는 여성들에게 여성성의 은유로 사용된 메두사 신화를 극복할 것을 요구한다. 그리고 진정한 여성성이 어떤 것인지 탐색할 것을 촉구한다. 이 탐색의 결과로 우리는 발견할 것이다. "검은 대륙은 탐험 불가능한 대륙도, '검은 대륙'도 아니"며, 메두사 역시 흉측하고 두려운 존재가 아니라는 것을. "메두사를 보려면 정면에서 그녀를 바라보는 것으로 충분하다. 메두사, 그녀는 치명적인 존재가 아니다. 그녀는 아름답다. 그리고 그녀는 웃고 있다."(Cixous, 1975: 29)

참고문헌

Cixous, H.(1975). Le rire de la Méduse. *L'Arc, 61.* 박혜영 옮김(2004). ≪메두사의 웃음/출구≫. 동문선.

Freud, S.(1922). Medusa's Head. *The Standard Edition of the Complete Psychological Works of Sigmund Freud vol. 18*, pp. 273-274. London: Hogarth Press.

Freud, S.(1923). The Infantile Genital Organization: Interpolation into the Theory of Sexuality. *The Standard Edition of the Complete Psychological Works of Sigmund Freud vol. 19*, pp. 138-145. London: Hogarth Press.

Freud, S.(1925-1926). *The Standard Edition of the Complete Psychological Works of Sigmund Freud vol. 20*. London: Hogarth Press.

Rousseau, J-J.(1969). *Émile ou De l'éducation(Livre V, Oeuvres complètes IV)*. Paris: Gallimard.

Stanley, H.(1878). *Through the Dark Continent.* London: Sampson Low, Marston, Searle, Rivington.

02
거세냐 참수냐

1975년과 1976년은 식수의 여성적 글쓰기 이론 형성 과정에서 매우 중요한 시기였다. 식수는 1975년 "메두사의 웃음"에 이어 카트린 클레망과 함께 그 확장판인 ≪새로 태어난 여성≫을 썼다. 이듬해 발표한 논문 "거세냐 참수냐" 역시 여성적 글쓰기 이론의 중요한 텍스트다. 여기서 식수는 여성이 문화적 교육에 의해 주변적 지위를 강요받았다고 주장하며, 이러한 상태에서 탈피하기 위해 여성이 무엇을 해야 하는지 질문한다.

남성적 이코노미와 여성적 이코노미

"거세냐 참수냐(Le sexe ou la tête?)"에 담긴 식수의 논의는 남성적 리비도 이코노미와 여성적 리비도 이코노미가 다르다는 인식에서 출발한다. 식수는 이 둘의 차이점을 극명하게 드러내는 사례로 ≪손자병법≫에 나오는 오나라 왕 합려(闔閭)의 일화를 인용한다.

≪손자병법≫의 저자 손무(孫武)가 합려를 알현했을 때 합려는 손무에게 여자도 군인으로 만들 수 있는지 물었다. 손무가 가능하다고 하자, 왕은 그에게 궁녀 180명을 내주고 훈련시키라고 명했다. 손무는 그들을 두 부대로 나누고 왕의 애첩 두 명을 대장으로 삼아 창을 쥐여 준 다음 북소리에 맞춰 좌향좌, 우향우, 뒤로 돌아 등을 시행하도록 명령했다. 그러나 궁녀들은 북소리에 따르는 대신 웃고 떠들었다. 손무는 거듭 훈령을 숙지시켰으나 궁녀들은 여전히 웃고 떠들었다. 그러자 손무는 대장인 애첩 두 명의 목을 베려 했다. 이를 본 합려는 손무를 제지했으나 손무는 자신이 이미 왕의 명을 받아 궁녀들을 훈련시키고 있는 만큼 왕의 명이라 할지라도 따를 수 없다고 거부했다. 결국 손무는 애첩들의 목을 베고 다른 여자 두 명을 대장으로 삼은 후 북을 울렸다. 겁에 질린 여자들은 북을 울리면 전후좌우로

질서 정연하게 움직였다.

식수에 따르면 이 일화는 남성적 이코노미와 여성적 이코노미의 관계를 극적으로 보여 준다. 북소리, 즉 규범에 따라 일사불란하게 움직이는 것은 남성적 이코노미다. 한편 여성은 이러한 규범을 따르지 않고 웃음으로 가볍게 넘긴다. 식수는 "거세냐 참수냐"의 마지막 단락에서 여성들의 웃음이 "분명히 그녀들의 가장 큰 힘"(Cixous, 1976: 15)이라고 주장하면서 이 웃음이 여성적 이코노미의 중요한 요소 중 하나임을 시사했다. 웃음은 전통적으로 여성, 특히 마녀들과 연관되었다. 클레망은 ≪새로 태어난 여성≫ 1부에서 "마녀는 자주 웃는다"(Cixous & Clément, 1975: 66)고 주장하면서 빌헬름 리하르트 바그너(Wilhelm Richard Wagner)의 오페라 <파르지팔(Parsifal)>에 나오는 마녀 쿤드리의 예를 든다. 예수가 십자가를 메고 골고다언덕을 올라갈 때 웃었다는 죄로 저주받은 쿤드리의 웃음은 메두사의 웃음과 마찬가지로 남성의 진지한 세계에 대한 항거의 표시며, 전복에의 의지를 담고 있다. 그러므로 식수가 웃음을 여성적 이코노미의 상징으로 삼은 것은 어쩌면 당연한 일인지도 모른다.

그러나 가부장적 질서는 그 웃음을 용납하지 않는다. 남성적 이코노미는 훈육을 통해 "여성을 군인으로 환골탈태

시키려" 하고, 이를 위해 참수라는 형벌을 사용한다. 즉 참수라는 위협을 통해 "여성의 무질서와 웃음, 북소리를 진지하게 받아들이지 못하는 태도를 굴복시키려 한"(Cixous, 1976: 6)다.

메두사 신화는 상징적 차원에서의 여성성 억압인 반면, ≪손자병법≫의 이 일화는 실제적이고 물리적인 차원에서 행해지는 여성적 이코노미에 대한 억압이다. 상징이 작용하려면 여성이 그것을 믿어야 한다. 아무리 남성이 자신의 이코노미에 기반한 신화를 만들어 낸다고 해도 여성이 그것을 믿지 않는다면 억압은 실현될 수 없다. ≪손자병법≫의 일화는 적어도 처음에는 여성에 대한 물리적 억압이 있었음을 보여 준다.

여성은 남성적 폭력에 의해 머리를 잃었다. 즉 지성과 혀를 잃었다. 따라서 여성은 말할 수 없다. 생각할 수도 없다. 이는 바로 죽음의 상태, 혹은 그와 비슷한 잠들어 있는 상태다. 식수에 따르면 전래 동화 "잠자는 숲속의 미녀"는 이러한 여성의 상태를 상징적으로 보여 준다. 이 동화에서 미녀는 스스로 일어날 수 없다. 왕자가 와서 입맞춤을 해 주어야만 잠에서 깨어 일어날 수 있다. 여기서 입맞춤은 숨결을 불어넣는 것과 같다. 또한 입맞춤은 욕망의 행위다. 따라서 그녀는 왕자로부터 생명과 욕망을 얻는다.

어쩌면 그녀는 자는 동안 꿈을 꿀 수도 있었을 것이다. 그러나 그것조차 온전히 그녀의 것이 아니다. 식수가 자신의 소설 ≪라(La)≫와 이론서 ≪글쓰기에 도달하기(La venue à l'écriture)≫에서 인용한 텍스트에서 쇠렌 키르케고르(Søren Kierkegaard)는 여성은 꿈과의 관계에서도 수동적이라고 주장한다(Cixous, 1976: 6).

> 그녀는 사랑의 접촉에 의해서야 비로소 깨어난다. 그 이전의 그녀는 단지 꿈일 뿐이다. 그러나 이 꿈속의 존재에도 두 가지 단계가 있다. 첫 단계는 사랑이 그녀의 꿈을 꾸는 단계며 그다음은 그녀가 사랑의 꿈을 꾸는 단계다.(Cixous, 1979: 26; Cixous, 1986: 26)

이 같은 텍스트들은 남성이 없으면 여성은 아무것도 아니라는 주장을 반복 재생한다. 이러한 주장에 따르면 남성이 없으면 "여성은 성이 없고, 불분명하고, 불가해한 존재"로 남아 있을 것이다. 왜냐하면 여성은 "경계가 없고, 정돈되지 않고, 조직되지 않은"(Cixous, 1976: 8) 데다 "스스로를 알지 못하는" 존재이기 때문이다. 그러므로 남성은 여성을 교육해 남성적 질서를 따르도록 해야 한다.

> 그러므로 남성은 여성을 가르친다. (왜냐하면 남성은 항상 주인이니까.) 그녀에게 결핍과 부재와 죽음을 느끼도록 가르친다. 요컨대 남성은 여성이 '잘못' 알 수 있는 것들, 즉 '아버지의 법칙'을 가르침으로써 여성을 '정돈'하고' '조직'한다.(Cixous, 1976: 8)

≪손자병법≫의 일화는 이러한 정돈과 조직의 탁월한 사례일 것이다. 그러나 그처럼 심각한 문제가 아닌, 일견 단순한 일탈에 관한 경고처럼 보이는 "빨간 모자" 같은 동화에도 남성적 이코노미에 의한 여성적 이코노미의 억압적 드라마가 숨어 있다. '빨간 모자'는 할머니의 집까지 곧바로 가라는 어머니의 지시를 어기고 "좀 즐기고 싶어서" 잠깐 숲속으로 들어간다. 그 결과 그녀는 큰 대가를 치른다. 그녀의 행위는 금지에 대한 위반이기 때문이다. 식수에 따르면 '빨간 모자'는 '작은 클리토리스'를 의미한다. 그러므로 그녀가 들어간 숲은 '그녀 고유의 숲', 즉 여성의 성을 의미한다. 이 해석에 따르면 '빨간 모자'의 일탈은 여성의 성에 대한 금기를 깨는 것, 즉 남성적 이코노미에 대한 도전이다. 이 행위에 대한 처벌은 ≪손자병법≫의 궁녀들에게 가해진 처벌과 마찬가지로 죽음이다(Cixous, 1976: 6-7).

이처럼 여성들은 죽음이라는 위협 아래 남성적 이코노미로 편입된다. 그렇다면 남성들은 왜 이다지도 여성적 이코노미를 억압하는가? 식수에 따르면 그것은 남성적 이코노미의 특징 자체에 연유한다.

> [남성적] 이코노미는 반환이라고 불리는 것에 기반한다. 남성은 반환된다는 조건하에서만 지출한다. 남성이 자기 밖으로, 타자에게로 나간다면, 그것은 항시 헤겔식 모델, 즉 주인과 노예의 변증법적 모델에 의해 작동된다.(Cixous, 1976: 11)

주인과 노예의 변증법이란 게오르크 빌헬름 프리드리히 헤겔(Georg Wilhelm Friedrich Hegel)이 ≪정신현상학(Phänomenologie des Geistes)≫에서 제시한 자기의식의 확립 과정이다. 헤겔에 따르면 자기의식이 확립되기 위해서는 자기의식이 있는 타자의 인정이 필요하다. 그런데 독립적인 두 인간이 처음 만나면 그들은 서로 상대방을 대상으로 인식한다. 곧이어 그들은 상대방도 자신을 대상, 즉 비본질적이고 부정적인 것으로 인식함을 깨닫고 상대방이 자신을 주체로 인정하도록 강제하기 위해 '생사의 투쟁'을 벌인다. 물론 여기서 한쪽이 죽으면 안 된다. 한쪽이 없어지면 다른 한쪽의 자기의식을 인정해 줄 타자가 없어지기 때문이다. 따라서 양측은 '주인과 노예'라는 타협을 통해 살아남는다. 죽음을 두려워하지 않고 싸워서 이긴 자는 주인이 되고, 죽음에 대한 두려움 때문에 죽지 못한 패자는 노예의 지위를 받아들인다.

그러므로 "남성은 전략이며 계산이다.… 그것은 최대한 적은 손실과 적은 대가를 치르고 '이기는 방법'이다"(Cixous, 1976: 9). 결국 남성적 이코노미는 동등한 교환이 아니라 타자에 대한 착취다. 그것은 타자를 수단으로만 생각하며, 여기에 타자를 위한 자리는 없다. 그러므로 남성에게 타자를 대표하는 존재인 여성을 위한 자리 또한 없다.

자기고유성의 제국

식수에게 헤겔은 이러한 남성적 이코노미를 대표하는 사람이다. 그러나 헤겔은 한 이론의 창시자일 뿐 그 체제 자체의 창시자는 아니다. 따라서 식수는 "헤겔이 처음 창안한 것은 아무것도 없다"고 단언하면서 주인과 노예의 변증법을 포함한 헤겔의 여러 이론은 유사 이래 지속되어 온 일반적 사회 현상의 묘사에 불과하다고 주장한다.

≪정신현상학≫에서 묘사된 이 모든 과정, 즉 변증법, 삼단논법의 체계, 결국 자기 자신에게로 돌아오기 위해 주체가 자신 밖으로 나와 타자를 통과하는 것 등의 과정 모두가 사실은 매일의 일상생활에서 이루어지는 일반적 현상이기 때문이다. 사회의 기능보다 더 끔찍한 것은 없다. 더 일반적인 것은 없다. 헤겔식의 기계 장치는 개인, 가족, 국가라는 세 단계를 거치며 완벽할 정도로 매끄럽게 작동한다.(Cixous & Clément, 1975: 142)

식수는 이러한 일반적인 문화적 체제를 '자기고유성의 제국(l'empire du propre)'이라고 명명한다. 프랑스어 단어 'propre'는 '고유한', '자기 자신의' 등을 뜻하며 이는 '소유권'과 관련된다. '주인과 노예의 변증법'에서 주인은 자신의 자기의식을 확립하기 위해 노예의 독립성, 자유와 자기의식을 빼앗는다. 이처럼 자신의 소유권에 대한 집착은 남의 소유권에 대한 (불법적인) 점유로 나아간다. 그런데 이 제국에서 소유에 대한 집착은 역설적으로 빼앗김에 대한 공포에서 기원한다.

자기고유성의 제국은 … (남의 것에 대한) 점유에 의해, 고전적인 남성의 공포에 의해 작동한다. 그 공포란 다름 아닌 박

> 탈에 대한 공포, ~을/를 빼앗김에 대한 공포다. 그래서 빼앗김을 완강히 거부하고, 분리되지 않으려 하며, 특성(attribut)을 빼앗길까 두려워한다.(Cixous, 1976: 11)

그렇다면 남성이 그토록 빼앗길까 두려워하는 것은 무엇일까? 프랑스어 단어 'attribut'에는 속성, 특성이라는 뜻과 함께 성적 기관이라는 뜻이 있다. 식수는 자주 중의적 표현을 사용한다. 여기서의 'attribut'도 중의적 표현 중 하나로, 넓은 의미로는 남성이 누리는 특권 전체를 의미하고 좁은 의미로는 남성의 성기, 즉 남근을 의미한다. 따라서 남성이 빼앗길까, 또 분리될까 두려워하는 것은 바로 남근이다. '자기고유성의 제국'의 기원 역시 메두사 신화와 마찬가지로 거세 공포다.

식수에 따르면 "우리는 항상 자기고유성의 제국에 살고 있다"(Cixous & Clément, 1975: 142). 이 제국이 남성의 거세 공포에서 기원한다면 우리 역사와 모든 문화·사회 체제와 인식 체계는 남성의 성적 특질과 밀접히 연결되어 있지 않겠는가? 식수를 비롯한 여러 프랑스 페미니스트들이 비판한 남근중심주의, 그것은 과연 남성의 성적 특징이라는 관점에서 조망한 '자기고유성의 제국'의 다른 이름일까?

참고문헌

Cixous, H.(1976). Le sexe ou la tête?. *Les Cahiers du GRIF, 13*, pp. 5–15.

Cixous, H.(1979). *La*. Paris: Gallimard.

Cixous, H.(1986). La venue à l'écriture. *Entre l'écriture*. Paris: des femmes.(초판: *Féminin futur*, Christian Bourgeois, 1976)

Cixous, H. & Clément, C.(1975). *La jeune née*. Paris: Union Générale d'Édition. 이봉지 옮김(2005). ≪새로 태어난 여성≫. 나남.

03
남근중심주의

'남근중심주의'는 원래 정신분석학에서 남녀의 성차를 음경의 유무로 설명하는 경향을 지칭하는 말이었다. 식수는 데리다, 이리가레와 함께 이 용어를 서양 철학과 사고에 팽배한 남성중심주의를 지칭하는 말로 확장했다. 이는 다시 데리다가 주창한 '로고스중심주의'와 결합해 '남근로고스중심주의'라는 개념으로 확장된다.

남근중심주의

남근중심주의란 용어를 처음 사용한 사람은 영국의 정신분석가 어니스트 존스(Ernest Jones)다. 존스는 프로이트의 제자로, 프로이트의 이론을 대체로 수용했으나 여성성에 대해서는 프로이트와는 다른 입장을 견지했다. 즉 프로이트가 기본적으로 여성성을 음경의 결여라는 단일한 요소에 의거해 설명한 데 반해, 존스는 1927년 발표한 논문에서 프로이트의 이론에서 음경이 차지하는 지고의 위치를 논하며 "남성 분석가들은 과도하게 남근중심적(phallocentric) 시각을 갖도록 유도되었다"(Jones, 1927: 459)고 주장했다. 존스는 여성이 결코 '음경 선망'이란 충동에 지배되는 존재가 아니며, 여성에게는 고유한 여성성이 있다고 보았다. 그러나 이러한 반론에도 불구하고 프로이트는 자신의 이론을 고수했으며, 그것은 이후 정신분석학의 지배적 이론이 되었다.

프로이트는 많은 저작에서 여자아이의 심리성적 발달(psychosexual development)과 여성성 일반을 논했다. 프로이트에 따르면 오이디푸스 콤플렉스는 남녀의 심리성적 발달 단계에서 중요한 역할을 한다. 남자아이에게서 오이디푸스 콤플렉스는 거세 위협에 의해 촉발된다(Freud,

1924: 177). 아이는 어른들로부터 "고추를 자른다"는 얘기를 듣고 반신반의한다. 그러다가 여자아이의 성기를 보고서 처음에는 여자아이에게 작은 남근이 있는데 이것이 앞으로 크게 자랄 것이라고 잘못 생각한다(Freud, 1909: 11). 그러나 성인 여성, 대개 어머니의 성기를 보고서는 음경이 잘렸다고 생각해 거세 위협을 실질적인 것으로 받아들인다. 이러한 위협 아래 결국 그는 아버지의 법을 받아들인다. 그리하여 어머니와의 애착 관계를 끊고, 아버지와의 동일화를 통해 성공적으로 남성성을 획득한다. 따라서 남자아이에게 거세 공포는 오이디푸스 콤플렉스를 촉발하는 동시에 극복하게 하는 심리적 기제다.

반면 여자아이는 남자 형제나 다른 남자아이에게 자신에게는 없는 음경이 있다는 것을 알고 "자신이 심하게 손상되었다는 것을 인지한다. 그러고는 자신이 이미 잘못되었으며 그것이 자신의 열등성의 근거가 된다고 느낀다"(Freud, 1924: 178). 그녀는 자신에게 없는 음경을 선망하게 되며 이 결핍을 보완하기 위해 음경의 대체물인 아기를 원하게 된다. 그리하여 그녀는 아버지를 사랑의 대상으로, 어머니를 경쟁자로 간주한다. 요컨대 프로이트에게 남녀의 심리성적 발달의 차이는 결국 음경의 유무에 의해 결정된다. 즉 여성은 음경이 없기 때문에(이미 거세되었기 때문에) 결핍되고 불완전한 비정상적 존재인 반면, 남성은 음경을 가지고 있기 때문에 완전하고 '정상적인' 존재로 간주된다.

프로이트는 대체로 남근(phallus)을 신체의 일부분인 음경(penis)과 같은 것으로 취급한다. 그러나 라캉에 이르면 남근은 음경으로 환원될 수 없는 기표가 된다. 라캉에 따르면 인간의 정체성과 의식은 언어에 의해 개념화하며, 이 언어 체계 내에서 남근은 힘의 기호인 동시에 남녀를 구별하는 일차적 기표다. 또한 남근은 언어를 가능케 하고, 언어가 지탱하는 문화적 기제를 상징한다.

이러한 차이에도 불구하고 라캉의 심리성적 모델은 프로이트의 모델과 마찬가지로 매우 남성중심적이다. 남근이 여전히 남성의 육체와 관련되기 때문이다. 라캉은 오직 음경을 가진 남자아이만이 상징계에 완전히 진입할 수 있다고 (따라서 여성은 원천적으로 상징계에서 배제된다고) 주장한다. 그렇다면 여성에 관한 라캉의 이론 역시 프로이트의 이론과 마찬가지로 생물학에 기대는 것이 아니겠는가?

식수와 함께 소위 '프렌치 페미니즘'을 대표하는 이리가레는 프로이트와 라캉의 성 이론을 이론적으로 반박한다(Irigaray, 1974). 식수의 프로이트·라캉 비판은 그보다 간접적이다.

> 프로이트의 이론은 그가 양성 간의 해부학적 차이라고 부르는 것에서 시작한다. 그리고 우리는 그것이 그의 눈에 어떻게 나타나는지 알고 있다. 즉 그것은 팔루스의 유무라는 차이에 의해 결정된다. 그 잘난 부분들 말이다. 라캉에 의해 초월적 기표로 정의되는 그것으로부터 모든 것이 시작된다.(Cixous & Clément, 1975: 148)

식수의 비판은 저작의 어느 특정 부분에서 본격적으로 이뤄지기보다는 여기저기서 다발적으로, 가볍고 비꼬는 어조로 이루어진다("그 잘난 부분들 말이다"). 이러한 차이는 이리가레가 정신분석가인 데 반해 식수가 이론가이기 이전에 작가라는 점에 기인한다. 또한 식수가 주창한 여성적 글쓰기의 특징과도 관련된다. 정색을 하고 이론적으로 비판하는 것은 여성적 글쓰기가 아니다. 식수는 이론적 저작에서도 글쓰기를 항상 고려한다. 팸 모리스(Pam Morris)는 "메두사의 웃음"의 "구문이 이 분할 없는 [여성의] 리비도적 지출을 물질화한다"고 말하며 식수의 이론적 저작에도 여성적 글쓰기의 특징이 나타난다고 주장한다(Morris, 1993: 121).

그러나 무엇보다 중요한 것은 식수의 비판이 프로이트, 라캉, 더 나아가 정신분석학이라는 어느 특정 분야에 국한되지 않는다는 점이다. 인류 역사에는 여러 가지 지배 이념이 있어 왔다. 식수는 데리다, 이리가레 등과 함께 이러한 여러 지배 이념들 중 남성 지배가 가장 강력하고 보편적이라고 생각했으며, 정신분석학의 용어를 차용해 이를 '남근중심주의'라고 불렀다. 식수에 따르면 남근중심주의는 '자기고유성의 제국'의 핵심 사유 체계다. 그것은 인류의 역사를 지배해 왔고, 그 상태는 오늘날까지도 계속되고 있다.

> 남근중심주의가 있다는 것은 분명한 사실이다. 역사는 전 시대를 통틀어 그것밖에는 산출하지 않았다.… 남근중심주의는 적이다. 모두의 적이다. 여성뿐 아니라 남성 역시 손해를 보기 때문이다. 물론 그 손해의 양상은 다르다. 그러나 그 정도는 여성들만큼이나 심각하다.(Cixous & Clément, 1975: 149)

식수에 따르면 남근중심주의는 우리의 사고 체계를 지배하는 위계화된 이항대립 체계와 밀접하게 연관된다. 식수는 ≪새로 태어난 여성≫ 2부 서두에서 "전통적으로 성적 차이의 문제에 대처하는 방법은 바로 능동/수동이라는 대립 관계와 짝 짓는 것"(Cixous & Clément, 1975: 114)이라고 주장하며 자신의 작업을 데리다의 작업과 연결한다.

남근로고스중심주의

로고스중심주의는 데리다가 만든 신조어다. 진실, 이성, 논리 그리고 더 원초적으로는 기독교에서 하나님의 말씀과 같이 (어떤 다른 것에 의해 생성되는 것이 아니라) 그 자체로서 본래적으로 존재하는 실체를 상정하고, 그 실체를 모든 것의 설명 원리로 삼는 태도를 말한다. 데리다는 로고스중심주의를 현존과 결여의 개념 대비로 설명한다. 이에 따르면 서양 철학은 고대 그리스부터 지금에 이르기까지 계속 (예를 들어 플라톤의 이데아 같은) 어떤 실체가 원초적으로 존재한다고 보며 이를 현존 즉 일차적인 것으로 간주했다. 한편 다른 모든 것은 그 현존을 반영하는 이차적인 것 즉 결여에 지나지 않는다고 보았다. 이렇게 원초적 현존을 중시하는 태도는 모든 것을 이항대립적으로 짝 지을 뿐 아니라 두 항 중 앞의 항을 항상 우등한 것으로, 뒤의 항을 항상 열등한 것으로 간주하는 전략을 낳았다.

데리다는 로고스중심주의와 남근중심주의의 밀접한 연관성을 간파하고 이 두 개념을 묶어 '남근로고스중심주의(phallogocentrisme)'라는 또 하나의 신조어를 만들었다. 데리다에 따르면 의미의 생성에서 현존을 중시하는 태도는 남성적인 것, 즉 팔루스를 중시하는 태도와 다르지 않다

(Derrida, 1972).

식수는 데리다의 남근로고스중심주의 개념을 차용해 페미니즘의 무기로 사용한다. ≪새로 태어난 여성≫의 서두에서 통상 남성 혹은 남성적 자질로 간주되는 것과 여성 혹은 여성적 자질로 간주되는 것의 이항대립적 짝들을 열거하면서(능동성/수동성, 해/달, 문화/자연, 낮/밤, 아버지/어머니 등) 항상 남성 쪽에 우월한 가치를 두어 온 서양의 철학 체계를 공격한다. 정신분석학에서 여성을 남근이 결여된 남성 혹은 그것의 파생물로 보는 태도 역시 이러한 이항대립적 태도의 일부임은 말할 것도 없다.

여기까지 보면 식수의 이론은 데리다의 이론을 그대로 받아들인 듯하다. 그러나 식수는 로고스중심주의가 어쩌면 남근중심주의의 정당화를 주목적 삼아 만들어진 사상 체계일지도 모른다고 시사하면서 데리다의 입장에서 한 발짝 더 나아간다. 데리다는 로고스중심주의와 남근중심주의가 긴밀히 연결되어 있음을 보여 주었지만, 그 둘의 선후 관계에 대해서는 특별히 언급하지 않았다. 반면 식수는 로고스중심주의가 남근중심주의를 위해 창조된 것, 즉 남성 지배를 위한 도구로서 창조된 것이라고 주장한다.

로고스중심주의적 기도(企圖)가 항상 암암리에 남근중심주의를 기초하고, 남성적 질서에 역사와 동등한 자격을 부여하도록 조장했다는 것이 어느 날 갑자기 밝혀진다면 어떻게 될까?(Cixous & Clément, 1975: 116-117)

다시 말해 식수는 모든 이항대립적 태도가 애초에 남녀라는 두 단위에 기초하며, 이 중 남성적 항에 더 큰 가치를 부여해 남성 지배라는 질서에 자연적 질서와도 같은 필연성을 부여하기 위한 기도라고 본다. 식수는 "메두사의 웃음", "거세냐 참수냐", ≪새로 태어난 여성≫과 같은 여러 이론적 저작에서 이러한 기도의 허위성을 폭로했다.

이로써 메두사 신화에 대한 식수의 공격은 여성성 개념을 넘어 서구 철학 체계 전반에 대한 공격으로 확대되었다. 메두사는 (남성들이 믿게 만든 것처럼) 치명적인 존재가 아니다. (정면으로 바라보면) 그녀는 아름답고, 웃고 있다. 마찬가지로 여성은 이제 남성이 규정해 놓은 정체성을 해체하고 여성이 어떤 존재인지 정면으로 바라봐야 한다. 남근로고스중심주의의 세계에서 이러한 작업은 어떻게 가능할까?

참고문헌

Cixous, H. & Clément, C.(1975). *La jeune née.* Paris: Union Générale d'Édition. 이봉지 옮김(2005). ≪새로 태어난 여성≫. 나남.

Derrida, J.(1972). *Dissémination.* Paris: Seuil.

Freud, S.(1909). Analysis of a Phobia in a Five-Year-Old Boy. *The Standard Edition of the Complete Psychological Works of Sigmund Freud vol. 10*, pp. 1-150. London: Hogarth Press.

Freud, S.(1924). The Dissolution of the Oedipus Complex. *The Standard Edition of the Complete Psychological Works of Sigmund Freud vol. 19.* London: Hogarth Press.

Irigaray, L.(1974). *Speculum, de l'autre femme.* Paris: Minuit.

Jones, E.(1927). The Early Development of Female Sexuality. *The International Journal of Psycho-Analysis, 8*, pp. 459-472.

Morris, P.(1993). *Literature and Feminism: An Introduction.* Hoboken, NJ: Wiley-Blackwell.

04
여성 주체성

식수는 여성 주체성 문제를 천착한 대표적 페미니스트 중 하나다. 처녀작 ≪신의 이름≫ 이래 ≪내부≫ 등의 소설과 여러 이론서에서 여성 주체성 문제를 계속 탐구해 왔다. 여성 주체성에 대한 식수의 접근은 두 가지 방식으로 이루어진다. 첫째는 절대화된 주체에 대한 비판이다. 식수는 (남성) 주체에게 주어진 특권적 위치를 비판하고, 그러한 주체의 대응항으로만 존재하던 객체로서 여성상, 즉 남근중심주의적 사고에 의해 규정된 여성의 정체성을 거부한다. 둘째는 더욱 적극적인 작업으로, 여성 내면의 탐구, 즉 안으로부터의 여성 주체성 탐구다. 유사 이래 타자로서만 존재하던 여성이 어떻게 자신을 주체로 세울 수 있을까? 이때의 주체, 즉 여성 주체는 (남성) 주체와 어떻게 다른가? 식수는 이러한 질문을 통해 여성적 글쓰기로 나아간다.

절대화된 주체 비판

여성은 타자다

일찍이 보부아르는 ≪제2의 성(Le Deuxième Sexe)≫에서 여성이 "자신을 규정하려면 우선 '나는 여자다'라고 선언하지 않으면 안 된다"(Beauvoir, 1949: 12)고 말했다. 즉 여성은 자신의 주체성을 모색하기 전에 먼저 남성 중심의 현 질서 속에서 자신의 타자성을 인정해야 한다는 것이다. 보부아르에 따르면 과학, 이데올로기, 역사, 신화 그리고 사회적 상황 등 모든 것이 공모해 여성을 타자, 즉 객체로 규정한다. 그렇다면 여성은 어떻게 이런 객체적 상황에 놓이게 되었을까?

보부아르에 따르면 타자는 주체가 주체로 우뚝 서는 데 필수적인 요소다. (보부아르는 결코 이런 용어를 사용하지 않았지만) 이항대립적 사고방식 속에서 대립하는 두 항은 상호 의존적인 관계에 있기 때문이다.

> 타자성(他者性)은 인류 사상의 근본적 범주다. 어떠한 집단도 타자와 직접 대립하지 않고서는 자기 자신을 주체로 파악하지 못한다.… 주체는 대립함으로써 비로소 자신의 위치를 확보한다. 자기를 본질적인 것으로 주장하고 타자를 비

본질적 객체로 설정함으로써 자신을 확립해 나가려는 것이다.(Beauvoir, 1949: 15)

보부아르에 따르면 인간은 자신을 주체라고 믿으면서도 때때로 타자, 즉 다른 사람의 입장에서 볼 때 객체의 입장에 서는 경험을 하게 된다. 예를 들어 어떤 사람은 자기 마을에 있을 때는 자신을 주체로, 이웃 마을에서 온 이방인을 타자로 간주하지만 이웃 마을에 여행을 가게 되면 그들에게 자신이 타자로 취급된다는 사실을 알게 된다. 이러한 경험을 통해 그는 주체와 객체 사이의 상호성을 인정하게 된다.

주체가 되는 것은 능동적인 경험인 반면, 타자가 되는 것은 수동적인 경험이다. "어떠한 주체도 단번에 자발적으로 비본질적인 객체가 되려고 하지 않"기 때문이다. 다시 말해 "자기를 타자로 정하는 타자가 주체를 정하는 것이 아니"라 "자기를 주체로 정립하는 주체에 의해 타자는 타자로 세워진다"(Beauvoir, 1949: 16). 마을 간 대립에서 보듯 인간은 상황에 따라 이런 능동성과 수동성을 반복한다. 그리고 식민지인, 프롤레타리아 등과 같이 일시적으로 타자로 규정되던 인간 집단들도 상황의 변화에 따라 주체로서 자신들을 내세우게 된다.

그러나 다른 모든 범주와는 달리 남녀라는 범주에서만큼은 이런 상호성이 인정되지 않는다. 여성은 항상 타자로 남아 있다. 이는 여성이 "자기 힘으로 그 반전을 이루지 못하기 때문이다"(Beauvoir, 1949: 17). 즉 여성은 역사상 한 번도 자신을 주체로 내세울 힘을 갖지 못했으며 이 때문에 여성은 남성에 대해 영원한 '타자'로 규정된 것이다. 결국 주체와 타자를 결정하는 것은 상대적 힘의 문제다.

식수의 여성 주체성 탐구 역시 자신의 타자성에 대한 인식에서 시작한다. 식수는 자전적 요소가 강하게 드러나는 ≪새로 태어난 여성≫에서 여성의 주체성 탐구로 나아가는 자신의 여정을 묘사한다. 이 탐구의 시발점 역시 자신이 여성이라는 사실에 대한 자각이다.

> 나는 더 이상 단순하게, 직접적으로 [나 자신을] 삼손과 동일시할 수 없었으며, 내가 좋아하던 멋진 사람들 속에 깃들 수 없었다. 나의 육체는 더 이상 내 의도에 따라 주지 않았다. 나는 여성이었던 것이다.(Cixous & Clément, 1975: 134)

식수는 자신이 여성이라는 사실이 남성일 때와는 다른 여러 문제점을 내포하고 있다는 것을 깨닫는다. 자신은 "남자 옆에 있는 물건, 어떤 사람"(Cixous & Clément, 1975:

134), 즉 타자에 불과했으며 타자인 그녀에게는 어떠한 주체적 자리도 마련되어 있지 않았다.

> 나, 반란과 분노의 나는 어디에 서야 하는가? 여성인 나의 자리는 어디인가? 역사를 헤집으며 찾아보았지만 어디에도 나는 없었다. 이제 나는 안다. 나의 용사들은 남성이며 그들의 가치관은 어느 경계를 벗어나지 못한다. 그들은 남성들 앞에서, 남성들끼리는 위대하다. 그러나 여성이 나타나면 그들 역시 눈멀고 거친 폭군이 된다.(Cixous & Clément, 1975: 135)

보부아르와 마찬가지로 식수 역시 여성을 '물건'으로 만드는 기제가 바로 절대화된 주체라는 것을 깨닫는다. 그리고 그 주체는 남성이다.

남근중심주의와 타자의 살해

'주체(sujet, subjectum)'는 그리스어의 히포케이메논(hypokeimenon)에 어원을 두며 '앞에 놓여 있는 것', '근거로서 모든 것을 자기에게로 모으는 것'(강영안, 1996: 76-77)을 뜻한다. 이 말은 원래 특별히 인간을 지칭하는 말이 아니었다. 그러나 르네 데카르트(René Descartes)가 유명한 명제,

'나는 생각한다, 고로 나는 존재한다'를 통해 사유하는 인간 정신을 모든 존재의 근원으로 내세운 이래 인간의 정신은 '존재하는 모든 것을 근거 짓는 기반', 즉 주체의 자리를 차지하게 되었다. 이후 주체의 절대화는 더욱 공고해져서 주체로서 인간의 자아는 이전의 신과도 같은 초월적 지위를 획득하게 되었다.

데카르트의 코기토는 한마디로 사유 능력을 통해 모든 존재의 존재성을 파악하는 것이다. 데카르트는 사유하는 내가 있다는 것에서 내가 인식하는 다른 존재들이 있다는 사실을 끌어낸다. 따라서 인간의 자아는 주체가 되며 그 외의 모든 것은 그 주체가 파악하는 대상, 즉 객체가 된다. 이런 맥락에서 데카르트의 코기토는 주체에 본래적 위치를 부여하고 객체를 비본래적인 것으로 규정하는 근대 서양 철학 전통의 시발점이라고 할 수 있다.

그러나 식수에 따르면 이러한 태도는 단지 철학에만 국한되지 않는다. 서양의 기본적인 인식 틀인 이항대립 자체가 이미 주체를 절대화하고 타자를 말살하는 헤겔식 '자기 고유성의 드라마'를 연출한다. 이러한 이항대립 체계는 스스로가 현존의 항에 속한다고 평가하는 주체가 다른 주체를 객체로 만들고 그것을 억압하기 위해 만들어 낸 사상 체계에 불과하다. 이러한 체계에서 '타자'라고 불리는 것은

"변증법적 순환 속에 들어오는 타자성, 즉 위계화된 관계 속에서의 타자"(Cixous & Clément, 1975: 127)다. 이 관계에서 주체는 "타자를 지배하고, 명명(命名)하고, 정의하고, 할당"(Cixous & Clément, 1975: 127)한다. 가장 단적인 예는 아마도 신세계의 발견 이후 유럽인들이 여타 문명의 사람들에게 보여 준 정복 방식일 것이다. 아메리카에 발을 내디딘 유럽인들에게 아메리카 원주민은 유럽인들과는 '다른' 문명을 지닌 '다른' 사람들이 아니라 유럽인의 사고 체계 속에 존재하는 '열등한' 인종으로 간주되었다.

식수는 이러한 위계화된 주체와 타자의 관계를 '타자의 살해'(Cixous & Clément, 1975: 125)라고 불렀다. 헤겔식 '자기고유성의 제국'에는 동등한 타자를 위한 자리가 없다. 이런 세계에서 주체가 타자를 인식하는 방식은 바로 '사취', 즉 남의 것을 자기 것으로 만드는 것이다. 자신 밖으로 나온 주체는 타자와 진정으로 만나지 못하고 그저 통과해 다시 자기 자신에게로 돌아온다(Cixous & Clément, 1975: 142).

남근중심주의 사회에서 타자인 여성은 '다른' 사람이 아니라 '열등한' 사람이다. 이 사고 체계 내에서 차이는 차별과 동의어이기 때문이다. 이처럼 식수는 여성 억압 문제를 타자의 억압이라는 일반적 맥락 속에서 파악한다. 메두사 신화, "잠자는 숲속의 미녀", "빨간 모자" 등은 주체에 의한 (더욱 일반적인) 타자 살해의 사례들일 뿐이다. 이러한 이야기들에서 "[타자인] 여성은 [주체인] 남성을 인정해야 한다. 그리고 그 인정을 완수하는 과정에서 그녀는 사라져야 한다"(Cixous & Clément, 1975: 143). 이것이 바로 여성의 '참수'며 타자의 살해다.

그러나 식수에 따르면 타자란 원래 그런 것이 아니다. 타자는 나의 외부에 있기 때문에 내가 파악할 수 없는 것이다.

> '타자'란 도대체 무엇인가? 만일 진짜 '타자'라면 아무것도 얘기할 것이 없다. 그것은 이론화(理論化)가 불가능하기 때문이다. 나는 타자를 파악할 수 없다. 그는 다른 곳, 즉 외부에 있는 절대적인 타자이므로 [나의 세계 속에] 자리 잡지 않는다.(Cixous & Clément, 1975: 127)

이러한 식수의 타자관은 데리다 그리고 에마뉘엘 레비나스(Emmanuel Levinas)의 타자관과 유사하다(강선형, 2022: 43-48). 레비나스에 따르면 "타자는 언제나 나로 환원되지 않는 절대적인 외부성으로 남아 있다. 타자에 대해 사유한다는 것은 나의 바깥으로 나가는 기약 없는 모험이다"(강선형, 2022: 45). 데리다와 레비나스는 "현전화하는 방식으로 주체의 '대상'이 되어" 버리는 타자관에 반대하며 '절대적 타자', 즉 "주체에 의해 대상화되지 않는 타자"라는 개념을 옹호한다.

같은 맥락에서 식수는 여성이 주체로서 자신의 정체성을 주장하려면 무엇보다 여성이 남성과는 다른 절대적 타자임을 부각해야 한다고 본다. 즉 여성은 남성 주체의 대상이 아니라 남성 주체가 파악할 수 없는 전혀 다른 또 하나의 주체임을 강조해야 한다고 주장한다. 남녀가 유별하다는 이러한 식수의 주장은 남녀의 동등권에 대한 근거를 남녀의 동일성에서 찾던 당시 페미니스트들에게 충격적이었다. 19세기 이래 여성들은 남녀가 동일하다는 전제 아래 남녀평등을 요구해 왔다. 만일 남녀가 같지 않다면 남녀평등도 있을 수 없다는 것이었다. 그런데 식수는 이에 정면으로 맞서 여성이 남성과 완전히 다르다고 주장했다. 따라서 식수는 당시 페미니스트들에게 많은 비판을 받았다.

식수에 따르면 남녀의 동일성은 남녀평등의 필요조건이 아니다. 즉 문제의 핵심은 남녀가 다르다는 데 있는 것이 아니라 다름을 인정하지 않고 모든 차이를 차별로 환원하는 헤겔식 소유의 철학에 있다. 그러므로 식수는 진정한 남녀평등이란 여성이 남성과 동일해짐으로써가 아니라 남녀의 차이를 차별로 환원하지 않음으로써 달성될 수 있다고 생각한다. 만일 여성이 남성이라는 기준에 맞추어 그와 동일해지려고 애쓴다면 여성은 영원히 '결핍된 남성'으로 머무를 수밖에 없으며 차별에서 벗어날 수 없을 것이다. 그러므로 여성은 오히려 자신의 특수성을 인식하고 그것을 부각해야 한다.

여성 주체성 모색

여성 주체성과 여성적 글쓰기

여성과 남성의 상이성을 주장하면서 식수가 가장 중시하는 요소는 성적 특질이다. 여성과 남성의 '다름'이 집약된 부분이 바로 여성과 남성의 성이기 때문이다. 식수는 "메두사의 웃음", "거세냐 참수냐", ≪새로 태어난 여성≫ 등에서 남성의 성적 특질에 의거해 여성을 규정하고 여성 고유의 목소리를 침묵시켜 온 남근중심주의를 고발했다. 식수에 따르면 이러한 여성 억압의 근저에는 여성성에 대한 억압이 있다. 메두사의 신화에서 보듯 남성들은 자신들이 알 수 없는 여성의 성적 속성을 두려워했다. 따라서 그들은 여성의 성에 여러 가지 금기를 부과하고 그것의 발현을 막았을 뿐 아니라, 여러 상징적 기제를 동원해 여성들 자신조차 자신의 몸, 즉 자신의 성을 두려워하게 했다.

이러한 고발은 여성 주체성 탐색의 1단계다. 자신의 진정한 정체성을 발견하기 위해서는 기존 상징체계가 부과해 온 거짓된 정체성에서 벗어나는 것이 필수적이기 때문이다. 그러나 이러한 해체적 읽기는 어디까지나 소극적·부정적 전략에 불과하며 그것만으로 객체에서 주체로의 전환은 결코 모색될 수 없다. 식수에게 여성이 자신의 성을 제대로 아는 것은 여성 주체성 탐색의 필수 단계다. 따라서 식수는 거듭해서 여성들에게 자신의 성을 탐험하고 그 경험을 글로 쓸 것을 촉구했다. 문제는 이러한 여성의 성적 경험을 어떻게 제대로 쓰느냐다. 식수에 따르면 기존 언어는 이를 표현하는 데 알맞지 않다. 이미 남성중심주의에 오염되어 있기 때문이다.

여성의 딜레마는 남근중심주의에 오염된 언어를 사용하면서 그 이데올로기적 지배력을 떨쳐야 한다는 데 있다. 식수의 대표적 이론인 여성적 글쓰기는 이러한 문제를 해결하기 위한 방편으로 제시되었다. 즉 여성적 글쓰기는 그 자체가 목적이 아니라 새로운 여성 정체성, 즉 여성 주체성 모색과 여성 해방의 수단으로 제시되었다.

'주체의 죽음'과 여성 주체성

'영원한 타자'였던 여성이 자신의 주체성을 내세우기 전에 고려할 문제가 있다. 바로 여성 주체와 타자의 관계다. 식수는 남성이 주체로 우뚝 서기 위해 '타자의 살해'를 저질렀다고 주장한다. 그렇다면 여성 또한 주체가 되기 위해 타자를 희생자로 삼아야 할까? 보부아르의 진단에서 보았듯 남녀 관계에서 여성이 객체화되는 것은 결국 권력 문제다. 남성 주체는 자신의 주체성을 정립하기 위해 여성을 객체화해 왔다. 만일 이처럼 주체라는 것이 타자의 존재를 필수적으로 요한다면 여성 주체의 정립 또한 타자를 요하지 않겠는가? 만일 그렇다면 이는 지금까지 페미니스트들이 비난해 온 남성의 행태와 똑같은 타자 말살의 행위를 되풀이하는 것이 아니겠는가?

그러나 포스트모던 철학에서 제기된 '주체의 죽음'은 이 질문 자체를 의미 없는 것으로 만들어 버린다. '주체의 죽음'은 20세기 후반 이후 서구 철학의 주요 화두 중 하나다. 주체는 데카르트 이후 서구 철학의 인식론적 기본 개념으로 작용해 왔다. 그러나 19세기 후반 프리드리히 니체(Friedrich Nietzsche)가 통일적이고 단일한 실체로서 주체 개념에 도전하기 시작했고, 자크 라캉과 미셸 푸코(Michel Foucault) 등 포스트모던 철학자들을 거치면서 그 개념의 허위성이 더욱 강조되었다. 오늘날 사람들은 '존재하는 모든 것을 근거 짓는 기반'으로서 주체를 믿지 않는다. 만일 주체가 모든 것에 선행하는 것이 아니라 구성물에 불과하다면, 그리고 고정적인 것이 아니라 가변적이고 복수적인 것이라면, 그것은 결코 '우뚝 설 수 없으며' 필연적으로 타자의 살해를 전제하지도 않을 것이다.

여성 주체성 탐구는 결코 또 다른 절대화된 주체의 정립을 의미하지 않는다. 오히려 그것은 주체와 타자의 경계를 허물고 주체 속에 있는 타자의 흔적을 드러내는 것이다. 이런 맥락에서 '주체의 죽음'은 이중적으로 페미니즘에 기여한다. 첫째는 남성 주체의 절대성을 부정함으로써 객체화된 여성에게 주체성을 탐색할 길을 열어 주는 것이고, 둘째는 분열된, 타자에 대해 열린 주체의 가능성을 보여 줌으로써 지금까지의 남성적 주체의 모습과는 다른 대안적 주체성의 가능성을 모색할 수 있게 하는 것이다. 물론 여성 주체의 모습은 아직까지도 가능성으로만 남아 있다. 그러나 식수의 작업은 이에 대한 논의의 장을 열었다는 것만으로도 큰 의미가 있다.

참고문헌

강선형(2022). ≪자크 데리다≫. 커뮤니케이션북스.

강영안(1996). ≪주체는 죽었는가: 현대 철학의 포스트 모던 경향≫. 문예출판사.

Beauvoir, S. de(1949). *Le Deuxième Sexe(tome 1)*. Paris: Gallimard. 조홍식 옮김(1993). ≪제2의 性(상)≫. 을유문화사.

Cixous, H. & Clément, C.(1975). *La jeune née*. Paris: Union Générale d'Édition.

05

여성/여성적

식수의 대표적 이론인 여성적 글쓰기는 남근중심주의가 여성에게 부과한 부정적 여성 정체성을 탈피해 새로운 여성 주체성을 모색할 방법으로 제시되었다. '여성적 글쓰기'는 '여성적'이라는 형용사와 '글쓰기'라는 명사가 합쳐져 이루어진 표현으로, 여기서 '여성적'은 '글쓰기'를 수식한다. 그러나 명사에 대한 단순한 수식어처럼 보이는 '여성적'이라는 단어는 수많은 의미를 함축한 까닭에 역사적으로 여러 가지 논쟁을 야기했으며, 식수의 여성적 글쓰기에 대한 비판 또한 주로 여기에 집중된다. 그러므로 여성적 글쓰기를 이해하려면 먼저 식수가 말하는 '여성적'이 무엇인지 살펴보아야 한다.

'여성적'이란 무엇인가

"무엇이 여성적인가"라는 물음에 대한 식수의 대답은 시기에 따라 약간의 차이를 보인다. 초기 저작인 ≪새로 태어난 여성≫에서 식수는 '남성적'과 '여성적'의 구분을 섹스 즉 남녀의 성적 특질과 젠더 즉 남녀의 삶의 방식 둘 다와 연관 짓는다. 먼저 성적 특질에 관해 식수는 여성 억압의 근저에 여성성의 억압이 있다고 보면서 여성성의 회복을 주장한다. 물론 식수는 결코 여성적이라는 것이 생물학적 성과 일치한다고 말하지 않는다. 오히려 프로이트와 존스, 라캉의 이론을 검토한 후 프로이트의 성적 일원론이나 존스의 생물학적 논의 그리고 라캉의 이론 모두가 남근중심주의에 사로잡힌 남성들의 시나리오라고 폄하한다. 식수는 "해부학이 곧 숙명이다"라고 주장한 프로이트에 맞서 "숙명이나 자연 혹은 본질은 없다"(Cixous & Clément, 1975: 149)고 단언한다.

그럼에도 여성의 몸과 육체를 중시하는 식수의 태도는 그녀가 말하는 '여성적'이 '여성의 성'과 일치한다고 해석될 여지를 남겼다. 식수는 여성성을 억압하고 그 억압을 정당화하는 담론들을 비판하는 한편, 과격한 어조로 여성들에게 자신의 성을 탐색하고 그것을 표현하라고 촉구했다.

특히 "메두사의 웃음"에 나오는 "사제들이여 두려워 떨지어다. 우리는 우리의 성기를 내보일 테니까"(Cixous, 1975: 29) 같은 구절은 여성성의 해방을 알리는 일종의 도전장처럼 받아들여졌다.

1980년대에 들어 식수는 여성적인 것을 정의할 때 여성성보다는 사회적 성, 즉 젠더에 더 의존하게 된다. 이와 함께 '여성적'이라는 용어와 여성의 관계도 달라진다. 그 용어는 더 이상 여성의 본질을 반영한다고 여겨지지 않는다. 그리하여 식수는 1980년대 후반에 발표한 논문 "극단적 충실성(Extreme Fidelity)"에서 '여성적'/'남성적'이라는 용어가 임의적 표지에 불과하다고 주장하기에 이른다.

> 내가 '여성적' 그리고 '남성적'이라고 부르는 것은 쾌락과의 관계, 지출과의 관계다. 우리는 언어 속으로 태어나며 항상 말과 대면하지 않을 수 없다. 따라서 우리는 무엇이든 간에 이름을 지어야 한다. 우리는 말을 없앨 수 없다. 그것들은 이미 거기에 있으므로. 물론 우리는 말을 고칠 수 있다. 그것을 어떤 다른 기호로 대치함으로써 말이다. 그러나 그렇게 하더라도 그것들은 곧 '남성적', '여성적'이라는 말과 마찬가지로 폐쇄적이고 고정되며 화석화해 버린다. 그러면 그것들은 또다시 우리를 강제하기 시작한다. 그러므로 어쩔 도리가 없다.

계속적으로 뒤흔드는 수밖에는.(Cixous, 1988: 15)

식수는 새로운 기호를 도입하기보다는 이미 존재하는 말들을 채택해 그 의미를 전복하는 길을 택한다. '여성적'이라는 말의 정의를 사회적 성, 즉 젠더에서 찾은 것도 이러한 맥락에서 이해할 수 있다. 이 전복은 이미 ≪새로 태어난 여성≫에서도 나타난다. 다만 이 초기 저작에서는 그것이 섹스의 문제와 명확하게 분리되지 않은 채 서로 뒤섞여 있었을 뿐이다. ≪새로 태어난 여성≫에서 식수가 사용하는 전략은 "극단적 충실성"에서 그녀가 설명한 전략과 동일하다. 여성에 대한 전통적 정의를 받아들여 그 의미를 전복하는 전략이 그것이다. 식수가 대표적인 여성적 자질로 간주한 타자에 대한 수용성을 예로 들어 보자. 여기서 식수의 해체 작업은 여성이 무엇인가에 씌기(possédé) 쉽고 따라서 수동적이라는 기존 관념에서 시작한다. 물론 여성의 수동성은 남근중심주의가 여성에게 부과한 자질 중 하나다. 또한 그것은 능동성을 우월시하는 남성적 관점에서 볼 때 결코 긍정적인 자질이 되지 못한다. 그러나 식수는 용어의 이러한 부정적 의미를 천착해 그것을 '타자에 대한 관용'이라는 긍정적 의미로 전환했다. 식수에 따르면 '무엇인가에 씐다'는 것은 곧 자신 속에 타자를 용납함을 의미한다. 그러므로 그것은 배타적인 '남성적' 태도보다 우월하다.

이처럼 식수는 여성을 부정적으로 보는 남근중심주의의 언어와 상징체계 속에서 작업하면서 데리다식 해체를 통해 그 의미를 전복한다. 이로써 '여성적'의 의미를 긍정적인 것으로 바꾸어 나간다. 식수가 부정적인 것을 긍정적인 것으로 바꾼 또 하나의 대표적 사례는 법에 대한 여성의 태도다. 식수는 여성이 법을 잘 지키지 않는다는 점을 타자에 대한 관용적 태도와 함께 대표적인 여성적 특질로 꼽았다. 법을 지키지 않는 태도는 어째서 여성적이며, 어째서 긍정적인 자질이 될 수 있을까?

여기서 우리는 식수에게 '여성적'이라는 용어가 실제적 자질이라기보다는 전통적 지칭 방식을 차용한 것에 불과하다는 점을 다시 한번 상기해야 한다. 즉 그것은 특정한 어떤 태도에 대해 예로부터 '여성적'이라는 용어가 사용되어 왔음을 의미할 뿐이다. 식수가 법과 여성의 관계를 '여성적' 자질의 대표적 요소로 든 것은 단순히 예로부터 여성이 법을 준수하지 않는다고 비난받아 왔기 때문이다. 성서의 이브는 이러한 여성적 태도의 대표적 예일 것이다. 또한 프로이트는 여성에게 오이디푸스 단계가 결여되거나 약화되어 있다는 점, 즉 초자아의 미발달을 근거로 법을 잘

지키지 않는 여성의 태도를 설명함으로써 전통적 믿음에 '과학적' 해석을 제공하기도 했다.

식수는 "극단적 충실성"에서 이러한 선입견에 대한 해체 작업을 수행한다. 먼저 이브에게 내려진 하느님의 법이 불합리하다는 점을 지적한다. 식수에 따르면 "만일 사과를 먹으면 죽으리라"라는 말은 이브에게 아무런 의미가 없다. 왜냐하면 이브는 죽음이 존재하지 않는 낙원에 살고 있었으므로 죽는다는 것이 무엇인지 몰랐기 때문이다. 그러므로 이브의 선택은 즉각적으로 감지될 수 있는 쾌락과 검증할 수 없고 그 의미가 모호한 법률 사이의 선택이다. 여기서 이브는 쾌락을 선택한다. 식수에 따르면 이는 매우 긍정적인 선택이다. 맹목적인 금지를 두려워하지 않고 자신의 욕망에 충실했기 때문이다. 또한 그것은 사회를 위해서도 긍정적인 선택이다. 이는 법에 대해 이브와 정반대되는 태도를 보이는 성서의 또 다른 인물 아브라함과 비교하면 분명해진다. 하느님의 명령에 맹목적으로 복종해 자신의 아들인 이삭을 죽이는 아브라함으로 가득 찬 사회는 과연 어떤 사회일까? 실제로 인간 사회의 발전을 가져온 것은 바로 거부를 통해 혁신의 길을 열어 놓은 이브가 아닐까?

요컨대 '여성적' 자질 중 식수에게 가장 중요한 것은 첫째, 여성의 신체적 자질, 그중에서도 특히 성적 특질과 둘째, '타자에 대한 수용성' 그리고 셋째, '법에 대한 거부' 등이다. 이러한 자질들이 진정 여성적인 것인지, 그것들이 진정 긍정적인 자질인지에 대해서는 페미니스트들 사이에서 계속 논란이 일어 왔다. 그러나 우리에게 더욱 중요한 것은 이러한 가치 판단이 아니라 식수가 그 자질들을 중요하게 생각했다는 사실 그 자체다. 식수의 여성적 글쓰기를 이해하려면 무엇보다 먼저 그녀의 논리를 그대로 따라가 보아야 하기 때문이다.

해부학적 본질주의

인간의 성이 결코 생물학적 조건에만 좌우되지 않는다는 주장은 프로이트 이래 정설로 굳어져 왔다. 따라서 여성의 정체성을 해부학에 연결하는 듯한 식수의 태도는 여러 페미니스트들에게 비판받았다. 이는 어느 정도 식수가 자초한 것이기도 하다. 식수는 여성적 글쓰기의 매니페스토로 간주되는 "메두사의 웃음"에서 "여성은 자기 육신을 글로 써야 한다"(Cixous, 1975: 31)고 잘라 말한다. 그리고 이와 비슷한 표현들은 식수의 초기 텍스트 곳곳에서 발견된다. 이 때문에 식수의 비판자들은 식수가 주창한 '여성적 글쓰기'에서 '여성적'이란 젠더보다는 섹스, 즉 여성의 몸과 더욱 밀접히 관련된다고 보고, 식수의 이론에 내재한 본질주의를 비판한다.

이러한 비판의 포문을 연 미국의 앤 로절린드 존스(Ann Rosalind Jones)는 논문 "몸으로 글쓰기: 여성적 글쓰기의 이해를 향하여(Writing the Body: Toward an Understanding of L'Écriture Féminine)"에서 여성의 성기와 무의식에서 남녀 간 성차의 기원을 찾고 그 성차를 언어를 통해 드러내려는 식수의 이론을 '본질주의'로 규정하고, 그 이론의 핵심을 이루는 "여성성과 여성적 글쓰기라는 개념들은 힘 있는 것이기도 하지만 문제가 있는 개념"이라고 주장한다.

> 우선 이론적 차원에서는 다음과 같은 근본적 문제가 발생한다. 신체가 자기인식의 근원이 될 수 있는가? 여성의 성욕은 사회적 경험보다 우선해, 혹은 사회적 경험에도 불구하고 존재하는가? 실제로 여성은 자신의 신체를 문화적 침해가 닿지 않은 상태에서 순수하고 본질적으로 경험하는가?(Jones, 1985: 180)

존스에 따르면 성적 정체성은 "결코 고립된 상태나 단

순히 육체적 맥락 속에서 형성되는 것이 아니다”(Jones, 1985: 181). 즉 존스는 식수의 본질주의가 해부학에 근거해 여성을 억압했던 가부장제의 논리와 기본적으로 유사하며, 모성과 같은 ‘여성적 자질’에 대한 미화는 오히려 여성운동을 퇴행시키는 결과를 가져온다고 보았다.

존스 역시 여성성을 강조한 식수의 이론이 갖는 의의를 부정하지는 않는다. 그러나 그것이 “여성해방론적 방향에서 세계를 변화시키려는 기도”에 별로 보탬이 되지 않는다고 본다. 오히려 오랫동안 여성을 억압해 온 남성들의 어법을 유지함으로써 그 체계에 동참하는 결과를 가져올 수 있다고 비판한다.

> 그러나 진정한 우리의 성으로부터 우리를 소외시켜 온 여러 가지 ‘폭력’에 대한 공격을 감행하고자 할 때 여성의 신체는 그리 유리한 입지점으로 작용하지 않을 듯하다. 우리가 문화 이전의 본래적 여성성을 주장한다면, 그러한 입장은 … 이전에 있었던 여성의 ‘본성’에 관한 이론들과 어떤 관계에 놓일 것인가 하는 문제가 발생하기 때문이다. 양육을 바탕으로 하는 여성의 지각에 대한 식수의 찬미는 나에게도 상당히 듣기 좋은 이야기다. 그러나 식수가 임신충동에 관해 얘기할 때면 그것은 수 세기 동안 전염병처럼 여성을 괴롭혀 온 모성에

대한 강요된 미화의 메아리처럼 들리기 시작한다.(Jones, 1985: 183)

식수를 비판하는 다른 영미 페미니스트들의 비평도 대체로 이러한 논리를 중심으로 이루어진다. 식수는 이들 비판을 논리적으로 따지거나 그에 맞서 자신의 이론을 정당화하려 시도하지는 않았다. 단지 비판을 수용하거나 그에 대응하면서 자신의 이론을 가다듬고 발전시켜 왔을 뿐이다. '여성적'이라는 단어에 대한 식수의 입장이 시기에 따라 달라진 것은 바로 이러한 수용과 대응의 여정을 보여 준다. 그러나 식수는 비판받기 전에도 본질주의의 위험을 인지하고 있었으며 그것에 대한 경계를 늦추지 않았다. 초기 저작인 ≪새로 태어난 여성≫에서부터 '여성적', '남성적'이라는 형용사가 생물체로서 '남성', '여성'과 동일한 것이 아니라 추상적 자질이라는 점을 강조해 이에 대한 본질주의적 해석을 차단하고자 했다.

나는 남성/남성적, 여성/여성적을 혼동하는 것을 피하기 위해 성차의 [명사가 아니라] '형용사'를 사용한다는 점을 강조하고 싶다. 남성들 중에도 자신의 여성성을 억압하지 않은 사람들이 있고 여성들 중에도 자신의 남성성을 새기는 사람들이 있기 때문이다. 물론 성차가 사회적으로 결정된 '성'에 의해 주어지는 것은 아니다. 그러나 다른 한편으로 내가 정치 경제와 리비도 경제에 대해 말하고 그 둘을 연결할 때 문제 삼는 것은 결코 기원의 문제가 아니다(기원의 문제란 순전히 남성의 특권을 정당화하기 위해 만들어진 것이다). 우리는 알면서, 혹은 모르면서 본질주의적 해석으로 빠지는 것을 주의해야 한다.(Cixous & Clément, 1975: 145-146)

엘리자베트 루디네스코(Élisabeth Roudinesco)는 여성의 성에 대한 이론들을 역사적으로 정리하면서 식수의 입장이 (그리고 성차를 강조하는 모든 이론가의 입장이) 보부아르의 문화주의와 어니스트 존스의 자연주의 사이를 왔다 갔다 한다고 본다(Roudinesco, 1986: 522). 식수가 여성 육체의 회복을 유난히 강조했다는 점을 고려하면 이는 당연한 해석일 것이다.

본질주의 문제는 식수나 그녀와 함께 활동한 '정신분석과 정치' 그룹에 특유한 문제가 아니다. 페미니즘이 기본적으로 가지고 있는 근본적 딜레마와 관련된다. 19세기 이래 페미니스트들은 남녀의 능력이 남녀의 육체적·성적 차이와 관련이 없다는 점을 근거로 남녀평등을 주장해 왔다. 그런데 그들은 남녀 차별에 항의하기 위해 여성을 대표해서 행동해야 했으며, 이는 바로 자신들이 부정했던 성차에 호소하는 것이었다. "즉 평등을 이야기하기 위해 전략적으로 차이를 논의 대상으로 삼아야 할 필요가 있었지만, 동시에 차이를 논하게 되는 순간 다시금 가부장제가 기대어 왔던 본질주의적 논리의 늪에 빠지게 될 위험"(강초롱, 2015: 330)이 불거진 것이다.

이들과 마찬가지로 식수 역시 페미니즘적 목적을 달성하기 위해 남성의 무기를 빌려 사용할 필요가 있었으며, 이 때문에 남성들이 남녀 차별을 정당화하기 위해 사용한 본질주의라는 위험을 감수해야만 했다. 그러므로 식수의 이론에 대한 진정한 평가는 그것이 본질주의냐 아니냐가 아니라 페미니즘적 목적에 대한 그것의 공헌에서 찾아야 한다.

참고문헌

강초롱(2015). "현대 프랑스 페미니즘이 직면한 현실 (1) - 미국산 프랑스 페미니즘의 탄생과 확산을 중심으로". ≪비교한국학≫, 23(3), 311-355쪽.

Cixous, H.(1975). Le rire de la Méduse. *L'Arc, 61.* 박혜영 옮김(2004). ≪메두사의 웃음/출구≫. 동문선.

Cixous, H.(1988). Extreme Fidelity. In Sellers, S.(ed.). *Writing Differences: Readings from the Seminar of Hélène Cixous.* New York: St. Martin's Press.

Cixous, H. & Clément, C.(1975). *La jeune née.* Paris: Union Générale d'Édition.

Jones, A. R.(1985). Writing the Body: Toward an Understanding of L'Écriture Féminine. In Newton, J. & Rosenfelt, D.(eds.). *Feminist Criticism and Social Change.* Methuen. 한국여성연구회문학분과 편역(1990). ≪여성해방문학의 논리≫, 171-196쪽. 창비.

Moi, T.(1985). *Sexual/Textual Politics: Feminist Literary Theory.* London: Methuen. 임옥희 외 옮김(1994). ≪성과 텍스트의 정치학≫. 한신문화사.

Roudinesco, É.(1986). *La bataille de cent ans: Histoire de la psychanalyse en France(tome 2).* Paris: Seuil.

06
여성적 글쓰기

여성적 글쓰기는 남성이 부과한 여성의 거짓된 이미지에서 탈피해 스스로를 알기 위해, 진정한 자신의 모습을 표현하기 위해 요청된 개념이다. 즉 아직 실체가 분명하지는 않지만 여성의 자기탐색과 자기표현이라는 목표를 이루는 데 꼭 필요한 도구로 상정된 개념이다. 이는 선례가 없는 작업이다. 지금까지 글쓰기의 역사는 남성에 의한 남성적 글쓰기의 역사였기 때문이다. 여성적 글쓰기는 남성중심주의의 상징체계에서 벗어나고자 하는 긍정적이고 적극적인 전략이다. 그러므로 식수는 여성적 글쓰기를 모색해 나가는 과정을 "예상할 수 없는 것을 예상하고, 계획하는" 작업이라고 말한다.

식수는 "극단적 충실성"에서 자신이 "우리에게 여성적 글쓰기가 무엇인가"를 설명하라는 요구에 얼마나 시달려 왔는지 밝히면서 그것이 무엇인지 느끼고 있지 않은 사람에게 그것을 설명하는 것은 불가능하다고 말한다(Cixous, 1988: 20). 이는 어찌 보면 당연하다. 여성적 글쓰기 개념은 실재하는 여성의 글쓰기에 기초해 귀납적으로 도출된 개념이 아니기 때문이다. 그것은 아직 실체가 분명하지는 않지만 여성의 자기탐색과 자기표현이라는 목표를 이루는 데 꼭 필요한 도구로 상정된 개념이다.

여성적 글쓰기는 '여성적'인 무엇인가를 도구로 사용해 '여성적'인 것을 드러내는 일이며, 이 과정에서 글쓰기는 핵심적인 역할을 담당한다. 식수에게 글쓰기에 대한 관심은 여성에 대한 관심에 선행한다. 식수가 글쓰기와 맺는 관계는 특히 1976년 발표한 "글쓰기에 도달하기"에 자세히 드러나 있다. 아버지의 죽음이라는 충격적 사건에 직면한 식수에게 글쓰기는 죽음과 망각을 극복할 방법으로 여겨진다. 그리하여 식수는 서양의 고전을 비롯해 전통적 권위를 지닌 여러 텍스트들을 섭렵한다. 그러나 이러한 읽기를 통해 식수는 자신이 글쓰기로부터 배제되어 있다는 사실을 깨닫는다.

> 나에게 글을 쓸 권리가 없다고 여겨지게 하는 모든 이유, 타당한 이유와 별로 타당하지 않은 이유들 그리고 완전히 틀린 여러 이유들 때문에 나에게는 글쓰기가 금지되어 있다. 나는 어떤 정당성도 가지고 있지 않다. 내게는 땅도, 조국도, 역사도 없다.(Cixous, 1986: 24)

이는 상당 부분 식수가 스페인계 유대인 아버지와 독일계 유대인 어머니 사이에서 태어나 프랑스의 식민지인 알제리에서 살았다는 개인적 이유에 기인한다. 식수의 자전적 경험은 그녀의 이론을 이해하는 데 매우 중요한 역할을 한다. 식수는 자신의 이론이 어떤 개인적 경험과 연관되었는지 밝힘으로써 개인적 경험이 더욱 일반적인 문제들에 눈뜨게 하는 촉매가 될 수 있다는 인식을 드러낸다. 글쓰기로부터 배제된 개인적 경험을 통해 식수는 글쓰기에 내재하는 근본적 정치성에 눈떴으며, 결국 "글쓰기는 선택된 사람들만의 것이다. 그것은 작고 하찮은 사람들과 여자들이 접근할 수 없는 공간에서 이루어진다"(Cixous, 1986: 22-23)라는 결론에 도달한다. 식수가 구원의 빛으로 여겼던 글쓰기는 결국 선택된 일부 계급만을 위한 제도적 장치에 불과했던 것이다.

식수는 이 선택된 집단에 속하지 않았다. 이는 여성들 대부분의 운명이기도 하다. 그렇다면 무엇이 여성들로 하여금 침묵하게 하고 목소리를 내지 못하게 하는 것일까? 첫째 원인은 물론 제도적인 것이다. 식수는 "글쓰기에 도달하기"의 중반부에서 여성 작가로서 겪는 출판의 어려움을 암시한다. 그러나 제도보다 더욱 근본적인 것은 전통적 글쓰기가 남근중심주의와 밀접하게 연관된다는 사실이다. 식수에 따르면 지금까지 글쓰기의 역사는 바로 남근중심주의의 역사였다.

> 글쓰기의 거의 모든 역사는 이성의 역사와 혼동된다. 글쓰기는 이성의 결과인 동시에 그 버팀대이자 그것의 특혜받은 알리바이 중 하나다. 글쓰기는 남근중심적 전통과 동질의 것이다. 글쓰기는 남근중심주의가 스스로를 응시하고, 향유하며, 자축하는 장소다.(Cixous. 1975: 17)

그렇다면 글쓰기의 길은 여성에게 완전히 막혀 있는 것일까? 이 질문에 식수는 '아니'라고 답한다. 식수는 "메두사의 웃음", ≪새로 태어난 여성≫, "글쓰기에 도달하기" 등에서 이러한 상황을 돌파할 것을 거듭 촉구한다. 상징체계를 변화시키려면 이 체계의 핵심인 언어의 공간에 참여하는 것이 필수적이기 때문이다. 게다가 글쓰기는 역설적으로 남근중심주의에 틈을 만들 수 있는 "변화의 가능성 그 자체고 전복적 사상의 디딤돌 역할을 할 수 있는 공간이며 사회적·문화적 구조의 변모를 가져오는 선구적 힘이기도 하다"(Cixous, 1975: 17).

여기서 식수는 데리다의 이론을 차용한다. 데리다에게 글쓰기는 차연(différance)과 치환의 현장이다. 데리다에 따르면 말하기는 발화하는 사람의 의도와 투명한 전달, 즉 단일한 의미 산출을 이상으로 삼는 반면 글쓰기는 발화와 이해 사이의 시간적 간극에 의해 의미 생성이 지연되며 또한 기표의 연쇄 작용에 의해 의도하지 않았던 개념과 의미가 산출된다. 식수는 이 같은 글쓰기의 개방적 특성을 극단적으로 천착해 이항대립의 완결성을 해체하려 한다. 식수에 따르면 이러한 개방성에 의해 글쓰기는 타자의 존재를 용납할 수 있다. 즉 글쓰기는 "타자가 내 속으로 들어오고, 머물다 나가는 통로, 입구, 출구, 거주지"(Cixous & Clément, 1975: 154)며 글쓰기가 갖는 변모의 힘은 바로 여기서 나온다.

그러므로 식수는 여성들에게 글쓰기에 적극 참여할 것을 촉구한다. 그러나 그 참여는 결코 전통적 글쓰기, 즉 남근중심주의적 글쓰기를 통한 방식으로 이루어져서는 안 된다. 진정한 여성의 목소리는 '여성적' 자질에 기반한 글쓰기에 의해서만 표출될 수 있기 때문이다.

여성적 글쓰기란 무엇인가

여성적 글쓰기란 '여성적'과 '글쓰기'를 연결하는 작업이다. 다시 말해 '여성적', 혹은 전통적으로 여성의 자질로 간주되어 온 자질들을 글쓰기에 도입하는 과정이다. 그 목적은 글쓰기의 정치성, 즉 기존 글쓰기에 내재한 로고스중심주의와 남근중심주의를 타파하는 데 있다. 식수는 대표적인 여성적 특질로 여성의 신체적 자질, 특히 성적 특질과 '타자에 대한 수용성' 그리고 '법에 대한 거부' 등을 꼽았다. 이들 자질은 각각 글쓰기와 어떻게 관련되는가? 이러한 자질을 도입한 글쓰기란 과연 어떤 것인가?

여성적 글쓰기의 구체적 형태를 살펴보기 전에 가장 먼저 지적해야 할 것은 그것의 정의 불가능성이다. 식수는 여성적 글쓰기가 본래 정의될 수 없는 성질의 것이라고 주장한다. 정의란 곧 이론화를 의미하고, 이론화란 결국 여성적 글쓰기를 남근중심주의적 언어로 화석화하는 것이기 때문이다.

> 현재로서 여성적 글쓰기를 정의하는 것은 불가능하며 앞으로도 계속 그러할 것이다. 이 행위는 결코 이론화되거나, 어떠한 틀에 갇히거나, 약호화될 수 없기 때문이다. 그러나 그렇다고 해서 그것이 존재하지 않는 것은 결코 아니다. 그것은 언제나 남근중심주의적 체계를 지배하는 담론의 틀을 벗어나며 철학적·이론적 체계의 지배를 받는 영역 이외의 곳에서만 나타나고 또한 나타날 수 있을 것이다.(Cixous & Clément, 1975: 166)

요컨대 여성적 글쓰기는 체계화를 거부하는 글쓰기다. 따라서 그것에 대한 설명 또한 명확하거나 체계적일 수 없다. 명확하고 체계적인 설명은 여성적 글쓰기의 정신을 배반하는 것이기 때문이다. 여성적 글쓰기에 대한 식수의 설명 또한 전면적 조망이 아니라 부분적이고 중첩적인 묘사들로 이루어져 있다. 그럼에도 우리는 이들 묘사에서 몇 가지 특징을 지적할 수 있다. 그중에서 가장 눈에 띄는 것은 여성적 특질의 첫째 요소, 즉 여성의 성적 특질이다. 식수에 따르면 이항대립적 글쓰기는 남성의 성적 특질을 닮아 있다. 모든 짝에 우등/열등으로 가치를 매기는 이항대립적 태도는 우등한 것을 위해 열등한 것을 희생시킨다. 글쓰기에서 이러한 특질은 모든 것을 끊임없이 하나의 의미로 환원하려는 태도로 나타난다. 그 태도는 남근에 집중하며, 부분이 전체를 다스리는 독재인 남성의 성욕과 유사하다. 그러므로 식수는 여성의 성적 특질에 기반한 글쓰기가 필요하다고 본다. 즉 "여성은 여성을 써야 하고 남성은 남성을 써야"(Cixous, 1975: 33) 한다고 여긴다.

그렇다면 여성의 성적 특질은 어떠하며, 글쓰기에 어떻게 나타날 수 있을까? 식수에 따르면 여성의 성의 일차적 특징은 산포다. 즉 여성의 성감대는 남성과 달리 온몸에 골고루 퍼져 있기 때문에 중심과 주변이 따로 없다.

> 남성의 성욕이야 남근 주위로 몰리게 놔두자. 그리하여 (정치해부학적으로 말하자면) 부분이 전체를 독재로 다스리는 중앙집권적 육체가 되도록 놔두자. 그러나 여성은 이러한 지방화, 즉 머리/생식기의 한 쌍에 봉사하며 어떤 경계선 안에서만 이루어지는 지방화를 하지 않는다.(Cixous & Clément, 1975: 158)

식수에 따르면 여성의 성적 특질에 충실한 글쓰기는 타자를 수용하는 글쓰기이기도 하다. 자아에게 가장 직접적인 타자는 자기 자신의 무의식이기 때문이다. 여성적 글쓰기란 무엇보다 여성의 무의식을 닮은 글쓰기며 이 무의식은 여성의 리비도를 반영한다. 따라서 여성적 글쓰기란 결국 여성의 리비도를 닮은 글쓰기다. 물론 식수에게 타자가 자기 자신의 무의식만을 의미하지는 않는다. 그러나 자기 밖에 있는 타자, 즉 '너'로 나아가기 위해서는 자기 속에 있는 타자인 무의식의 심층에까지 도달해야만 한다.

그렇다면 이러한 타자 즉 무의식은 어떤 방식으로 글쓰기에 나타날 수 있을까? 식수는 이 물음에 대해 자세히 설명하지 않는다. 무의식이 육체와 밀접하게 관련된다는 전제 아래, 목소리나 노래 등 육체와 더욱 직접적인 관계를 맺는 표현 방식이 여성적 글쓰기의 한 가지 가능성을 제공할 것이라고 시사할 뿐이다.

식수는 또 다른 여성적 특질인 법에 대한 거부와 글쓰기의 관계에 대해서도 자세히 설명하지 않는다. ≪새로 태어난 여성≫에서 식수는 전통적 규범을 위반하는 여성의 자질이 전복적 텍스트를 낳을 수 있을 것이라고 본다. 그러나 이러한 전복의 방법으로 훔치고 날려 보내는 것(프랑스어 동사 'voler'는 이 두 가지 모두를 의미한다) 외에 다른 것은 제시하지 않는다(Cixous & Clément, 1975: 174). 식수에 따르면 여성은 항상 남성적 질서로부터 무엇인가를 훔쳐서 사용해 왔다. 그러나 단순히 훔치는 데 그치지 않고 훔친 것을 사용해 기존 질서에 구멍을 내고 그것을 전복해 왔다. 식수는 '여성적'이라는 용어 그리고 전통적으로 여성의 자질로 간주되어 온 수동성과 법을 거부하는 태도를 대상으로 이러한 전복을 시도했다. 여기서 식수는 기존 개념들을 '훔쳐 온' 다음, 그것들을 전혀 다른 방식으로 사용함으로써 '날려 보내는' 여성적 글쓰기의 정신을 실제적으로 구현한다. 그러나 식수는 그러한 정신이 용어 차원을 넘어 문학 장르나 문학 관습과 같은 상위적 글쓰기 차원에서 어떻게 나타날 수 있는지에 대해서는 명시적으로 밝히지 않는다.

그러므로 여성적 글쓰기의 구체적 형태를 살펴보려면 식수의 실제 창작 작품들로 눈을 돌려야 한다. 그러나 이들 작품에서도 여성적 글쓰기의 실체는 여전히 모호한 채로 남아 있다. 물론 식수의 초기 소설들에는 구어의 리듬을 닮은 글쓰기가 자주 도입되며, 초현실주의자들의 자동기술법과도 유사한 비직선적이고 산포적인 문장 형태들이 특징적으로 나타난다. 또한 '법의 거부' 측면에서는 언어유희 등을 통한 전통적 의미 체계와 문법의 파괴, 기존 서사 구조의 파괴가 일어나기도 한다(Motard-Noar, 1991: chapter 4, 5). 그러나 이러한 전통적 문학 관습의 파괴는 독자들의 읽기를 방해했다. 이 때문에 식수의 픽션 작품에는 '난해'라는 딱지가 붙었다.

물론 이러한 대중성의 결여만으로 여성적 글쓰기의 장래를 속단할 수는 없다. 그러나 적어도 현 단계에서 여성적 글쓰기가 현상적으로 존재하는 것이라기보다 하나의 가능성에 불과하다는 것은 분명한 사실이다. 즉 여성적 글쓰기는 아직까지 그 잠재력이 현실화하지 않은 이론이며, '남성적' 글쓰기를 대체하기보다는 그것에 의문을 제기하는 대안적 글쓰기다.

그럼에도 여성적 글쓰기의 이론적 중요성은 줄어들지 않는다. 여성적 글쓰기는 글쓰기의 가치중립성에 의문을 제기하고 그 정치성에 대한 주의를 환기했다. 또한 글쓰기를 성차의 문제와 연결해 여성들로 하여금 자신들의 특유성에 대해 생각해 볼 계기를 마련했다. 21세기에 들어 사람들은 더 이상 여성적 글쓰기를 구체적인 글쓰기 실천으로 간주하지 않는다. 그러나 누가 알랴? 어느 날 여성적 글쓰기는 어떤 천재에 의해 혁명적 글쓰기가 되어 다시 태어날지도 모른다. 그러므로 중요한 것은 이 대안적 글쓰기의 가능성을 계속 고찰하고, 그 방법을 모색해 보는 것이다.

참고문헌

Cixous, H.(1975). Le rire de la Méduse. *L'Arc, 61.* 박혜영 옮김(2004). ≪메두사의 웃음/출구≫. 동문선.

Cixous, H.(1986). La venue à l'écriture. *Entre l'écriture.* Paris: des femmes.(초판: *Féminin futur*, Christian Bourgeois, 1976)

Cixous, H.(1988). Extreme Fidelity. In Sellers, S.(ed.). *Writing Differences: Readings from the Seminar of Hélène Cixous.* New York: St. Martin's Press.

Cixous, H. & Clément, C.(1975). *La jeune née.* Paris: Union Générale d'Édition. 이봉지 옮김(2005). ≪새로 태어난 여성≫. 나남.

Motard-Noar, M.(1991). *Les fictions d'Hélène Cixous: une autre langue de femme.* Lexington, Kentucky: French Forum Publishers.

07
프렌치 페미니즘

영미 페미니스트들 사이에서 식수는 흔히 이리가레, 크리스테바와 함께 프랑스의 페미니즘을 대표하는 이론가로 인식된다. 그러나 프랑스 페미니스트들은 이에 이의를 제기한다. 이들의 페미니즘은 진정한 프랑스 페미니즘이 아니며, 이들이 대표하는 '프렌치 페미니즘'은 영미권 여성학자들에 의해 새롭게 '가공'된 인위적 결과물이라는 것이다. 현대 페미니즘 비평계에서 중요한 위상을 차지하는 '프렌치 페미니즘'이 프랑스 페미니즘의 진면목을 왜곡하고 있다면 이는 무엇에 기인하는가? '프렌치 페미니즘'은 프랑스 페미니즘의 일반적 경향과 어떻게 다르며, 이들의 공통점은 무엇일까?

프랑스 여성해방운동과 '정신분석과 정치'

1970년대는 프랑스 페미니즘 운동의 역사에서 매우 중요한 시기다. 1968년 5월혁명 이후 여성 문제에 관심이 있던 안트리스탕(Anne Tristan), 아니 드 피장(Annie de Pisan), 크리스틴 델피(Christine Delphy) 등 몇몇 여성들이 모여 프랑스 여성해방운동(Mouvement de Libération des Femmes, 이하 MLF)을 조직했다. 이때 이들이 여성 해방 운동을 확대할 돌파구로 제시한 것이 바로 1920년에 제정된 낙태금지법을 폐기하는 것이었다. 그리고 이들의 노력으로 1971년 4월 5일 ≪르몽드≫에 낙태에 관한 "343인 선언"이 게재되었다.

낙태를 허용하는 베이유법과 관련된 논의는 여성 문제에 대한 사회의 관심을 크게 증대시켰다. 이러한 사회 분위기에 힘입어 다양한 의견을 가진 여성들이 MLF에 모여들었고, 이들은 여성 해방이라는 공동 목표를 위해 다양한 실천적·이론적 투쟁을 전개했다. 이들의 경향은 크게 세 가지로 나뉜다. '계급투쟁' 계열은 남성과 동등한 여성의 사회적·정치적 권리를 쟁취하기 위한 투쟁을 우선시했다. '혁명적 페미니스트' 계열은 가부장제의 완전한 철폐를 위한 급진적 투쟁 노선을 추구했다. 마지막 계열은 식수, 이리가레, 크리스테바 등이 속한 '정신분석과 정치' 그룹으로, 여성 억압의 근본적 원인이 남성중심적 사유 구조에 있다고 보고 상징체계의 변혁을 우선시했다.

이 중 외부인들이 볼 때 가장 눈에 띄는 계열은 '정신분석과 정치' 그룹이었다. 그러나 이는 단지 다른 계열의 참여자들이 단체 중심 활동을 지양하고 개개인이 주도하는 정치를 추구했기 때문이지, 결코 '정신분석과 정치' 그룹이 MLF 내에서 다수를 점하거나 가장 영향력 있는 집단이었기 때문이 아니다. 그렇다면 다수의 MLF 멤버들은 왜 개인 위주의 운동을 벌였을까? 그 이유는 그들의 궁극적인 운동 목표와 연관된다. MLF는 가부장제의 완전한 해체를 목표로 삼았다. 이는 개인적 차원에서 기존 남녀 성 역할로부터의 해방, 즉 각 개인이 "성별과 관계없이 한 명의 독립적인 개인"(강초롱, 2015: 321)으로 살아가는 것을 의미한다. 그러므로 집단이 아니라 개인적인 차원에서 각자가 주체가 되어 운동을 전개해 나가는 '개인적인 것의 정치'는 MLF의 핵심적인 실천 행위였다.

반면 MLF 내에서 상대적으로 소수 집단이었던 '정신분석과 정치' 그룹은 앙투아네트 푸크(Antoinette Fouque)라는 리더를 중심으로 조직화된 운동을 전개했다. 따라서 이들의 활동은 MLF 내 다른 여성들의 활동에 비해 외부인들의 눈에 쉽게 포착되었다. 이 때문에 프랑스의 언론은 여성 문제를 다룰 때 이들을 전면에 내세우는 경우가 많았으며, 그 결과 외부적으로는 이들이 MLF를 대표하는 듯한 인상을 주었다. 또한 '정신분석과 정치' 그룹은 '데 팜(des femmes)'이라는 출판사를 설립해 페미니즘을 다루는 여러 출판물들을 출간함으로써 국제 여성학계에서 상당히 중요한 위치를 차지하게 되었다. 이러한 프랑스 여성계의 내부·외부 상황은 '정신분석과 정치' 그룹의 이론이 '프렌치 페미니즘'으로 왜곡되는 데 부분적 원인을 제공했다.

'프렌치 페미니즘'

프랑스 페미니즘에 대한 미국 여성학계의 왜곡은 1970년대 중반을 기점으로 약 10년 동안 집중적으로 이루어졌다. 이 시기 미국의 주요 여성학 학술지들과 저명 불문학자들은 세간의 관심을 끈 MLF를 소개하면서 식수, 이리가레, 크리스테바 등 '정신분석과 정치' 그룹에 속한 이들의 저작을 다수 소개했다. 당시 영미권 독자들은 프랑스 여성학이나 여성 운동의 상황에 대해 거의 알지 못했다. 이런 상황에서 미국의 저명한 불문학자들이 MLF를 소개하며 식수, 이리가레, 크리스테바의 글쓰기를 집중 조명하기 시작한 것이다(Marks & Courtivron, 1980). 물론 이들은 '정신분석과 정치' 그룹의 MLF 내 위상에 대해서는 특별히 언급하지 않았다. 그러나 MLF의 흐름과 식수, 이리가레, 크리스테바의 글을 섞어 배치한 구성은 독자들에게 'MLF = 가부장적 상징 질서의 해체를 추구한 이론 투쟁 중심의 여성운동'이라는 등식과 함께 삼인방의 사상이 MLF의 핵심 사상이라는 인상을 심기에 충분했다.

이후 이러한 왜곡은 더욱 심화해 '정신분석과 정치'가 프랑스 페미니즘을 대표하는 그룹으로 소개되기에 이르렀다. 영미권에서 통용되는 '프렌치 페미니즘'이라는 말은 현실의 프랑스 페미니즘과는 전혀 다른 것을 지칭하게 되었다. 즉 그것은 "프랑스 내에서 발전해 온 페미니즘의 본질과는 무관한, 미국을 중심으로 한 영미권 학자들에 의해 새롭게 '가공'된 인위적 결과물"(강초롱, 2015: 316)에 불과하다. 요컨대 "'프렌치 페미니즘'은 프랑스의 페미니즘이 아닌 것이다"(Delphy, 1995: 191). 델피를 비롯한 프랑스의 여성운동가들은 그 둘을 구분해서 사용해야 한다고 주장한다.

미국 여성학계가 프랑스 페미니즘을 왜곡한 데에는 여러 이유가 있을 수 있다. 그러나 우리에게 중요한 것은 그 자세한 이유가 아니라 그것이 초래한 프랑스 페미니즘에 대한 국제적 왜곡이다. "국제 사회에서 미국이 발휘하고 있는 커다란 영향력으로 말미암아, 오늘날 국제 여성학 연구자들 중 상당수가 미국 여성학계가 자신들의 필요에 따라 자의적으로 탄생시킨 '프렌치 페미니즘'을 프랑스 페미니즘의 전부로 인식"(강초롱, 2015: 349)하게 되었다. 한국도 예외가 아니다.

'프렌치 페미니즘'과 '프랑스적 특수성'

'프렌치 페미니즘'은 (그것이 비록 왜곡이었다고 하더라도) 영미권, 특히 미국에서 상당한 반향을 불러일으켰으며 많은 연구를 낳았다. 그러나 프랑스에서는 사정이 완전히 다르다. 물론 식수 등의 이론이 프랑스에서 무시된 것은 결코 아니다. 이들의 저서는 프랑스에서도 상당한 성공을 거두었고 이들이 주장한 여성적 글쓰기 개념은 많은 여성 비평가들로 하여금 글쓰기의 성적 특질에 관해 생각해 보게 했다. 심지어 베아트리스 디디에(Béatrice Didier) 같은 보수적 비평가들조차 여성적 글쓰기가 정말로 존재하는지 검토할 정도였다[그러나 디디에는 이러한 작업 끝에 여성적 글쓰기라는 일반적 개념이 현실적으로뿐 아니라 이론적으로도 불가능하다는 결론을 내렸다(Didier, 1981: 5)]. 그럼에도 오늘날 식수 등의 이론은 미국에서와 같은 중심적 지위를 누리기는커녕 "인텔리겐치아들에게만 국한되어 있으며 사회의 주변에 머물러 있을"(Ozouf, 1995: 387) 뿐이다.

무엇이 이러한 영향력의 차이를 결정했는가? 분명 여러 가지 복합적 요인이 있을 것이다. 프랑스의 여성사학자 모나 오주프(Mona Ozouf)는 그중 프랑스의 전통적 남녀 관계를 가장 중요한 요인으로 꼽는다. 오주프는 이를 '프랑스적 특이성'이라고 명명한다. 오주프에 따르면 프랑스 페미니즘의 특징은 보편주의에 있다(Ozouf, 1995: 391). 즉 프랑스 여성들은 자신을 여성이기 이전에 인간으로 보며, 따라서 그들에게 남녀의 차이는 인간의 평등과 인류 공통의 인권이라는 개념에 종속되는 개념이다(Ozouf, 1995: 372). 이러한 보편주의적 특성은 프랑스 사회가 전통적으로 남녀가 혼합된 사회라는 점에 기인한다. 18세기 이래 영국인 여행자들이 프랑스 사회를 보고 놀란 이유 중 하나는 "남성과 여성이 생활의 모든 부분을 함께 나눈다"(Ozouf, 1995: 323)는 점이었다. 오주프는 이러한 역사적 사례를 들어 프랑스 여성들이 남녀의 교제에 의해 자연스럽게 남성을 동반자로 인식하게 되었다는 결론에 이른다.

그런데 식수 등이 주창한 이론의 요체는 역사상 남성이 여성을 억압해 왔다는 전제 아래 여성의 특수한 권리를 주장하는 것이다. 즉 메두사 신화는 한 꺼풀 뒤집으면 모든 남성의 모든 여성에 대한 억압을 상징하며, 이러한 질곡에서 벗어나 여성 자신의 진정한 가치를 되찾는 것이 시급하다고 주장한다. 그러나 오주프에 따르면 이는 프랑스 여성들 대부분에게 받아들여지기 어려운 이론이다. 프랑스 여성들은 결코 자신들이 역사에서 소외된 소수 집단이라고 보지 않으며, 따라서 프랑스 페미니즘에는 모든 남성을 억압자로 간주하는 태도, 즉 "남성에 대한 원칙적 적개심이 존재하기 않기"(Ozouf, 1995: 389) 때문이다.

물론 오주프의 설명을 액면 그대로 받아들일 필요는 없다. 어쩌면 오주프의 이러한 견해는 푸코가 지적한 바와 같이 억압이 내면화된, 억압이 초래한 가장 최악의 결과일 수도 있기 때문이다. 그러나 프랑스인들의 남녀 관계에 대한 이 같은 시사는 도처에서 발견된다. MLF가 추구한 가부장제 폐지라는 목표는 여성뿐 아니라 남성의 해방까지 포괄한다. 이때 남녀는 결코 적이 아니며 모두 독립적 개인으로 취급된다. 프랑스의 여성학자 엘리자베트 바댕테르(Élisabeth Badinter)는 1994년 ≪르 누벨 옵세르바퇴

르(Le Nouvel Observateur)≫와의 대담에서 미국 여성들의 급진성에 놀라움을 금치 못하면서 그 급진성의 원인을 전통적으로, 그리고 오늘날에도 미국 여성들이 남성들에게 "객관적으로 학대받고 있다"(Badinter, 1994)는 사실에서 찾았다. 무엇보다 중요한 것은 식수 등의 이론이 결코 프랑스 페미니즘의 주류를 이루지 못한다는 사실이다. 오주프는 이들이 "매우 추상적인 수사학"을 동원하는, 그리하여 거의 읽을 수 없을 정도로 난해한 글을 쓰는 이유 자체가 남녀의 대결 구조에 관한 프랑스 여성들의 거부감을 이들 스스로가 잘 알고 있기 때문이라고 본다(Ozouf, 1995: 390).

이러한 맥락에서 식수 등의 이론은 대표성 측면에서뿐 아니라 이론적 측면에서도 프랑스 페미니즘을 대표하지 않는다. 물론 식수는 1970년대 이후 여성학 이론에서 중요한 위치를 차지한 이론가며, 그녀가 주장한 여성적 글쓰기 개념은 언어와 글쓰기의 성적 특성에 대한 주의를 환기해 여성의 글쓰기에 대한 새로운 관점을 도입했다. 1980년대 후반 이후 대두한 페미니즘 문학의 한 경향인 '성차의 글쓰기'는 바로 이러한 여성적 글쓰기의 가능성을 수용했다. 이처럼 식수가 주장한 여성적 글쓰기는 한때의 유행에 그치지 않고 글쓰기에 지속적 영향을 미치는 개념으로 살아 있다. 그러므로 이제 식수의 이름에서 '프렌치 페미니즘'이라는 딱지를 떼어 내야 한다. 그리고 식수 자신의 이론만으로 그녀를 평가해야 한다.

참고문헌

강초롱(2015). "현대 프랑스 페미니즘이 직면한 현실 (1) - 미국산 프랑스 페미니즘의 탄생과 확산을 중심으로". ≪비교한국학≫, 23(3), 311-355쪽.

Badinter, É.(1994.5.19.). Ici, en droit, nous avons tout obtenu. *Le Nouvel Observateur*, pp. 102-105.

Delphy, C.(1995). The Invention of French Feminism: An Essential Move. In Huffer, L.(ed.). *Yale French Studies, Number 87. Another Look, Another Woman: Retranslation of French Feminism*, pp. 190-221. Yale University Press.

Didier, B.(1981). *L'Ecriture-femme*. Paris: PUF.

Marks, E. & Courtivron, I. de(eds.)(1980). *New French Feminism*. University of Massachusetts Press.

Ozouf, M.(1995). *Les Mots des Femmes: Essai sur la Singularité française*. Paris: Gallimard.

Tristan, A. & Pisan, A. de(1987). Tales from the Women's Movement. In Moi, T.(ed.). *French Feminist Thought: A Reader*, pp. 33-69. Oxford: Basil Blackwell.

08
픽션

식수는 페미니즘 이론가이기 이전에 작가다. 1969년 프랑스의 권위 있는 문학상인 메디시스상을 받은 ≪내부≫를 비롯해 40여 편의 픽션을 썼다. 식수의 초기 픽션들은 '소설'로 분류되지만, 중기 이후부터의 픽션들은 단순히 '픽션'으로 분류된다. 전통적 의미의 '소설'과는 상당히 다른 장르 파괴적 면모를 보여 주기 때문이다. 식수 자신도 픽션이라는 용어를 선호한다.

"나에게서 나와서 타자에게로 향하는 여정"

식수의 픽션들을 짧게 개관하는 것은 불가능에 가깝다. 작품 수가 너무 많기도 하고, 무엇보다 실험적인 성격을 띠기 때문이다. 식수의 픽션은 언어유희, 장르 파괴와 같은 여러 실험적 기제들을 사용하기 때문에 여느 소설처럼 줄거리 요약, 인물 소개라는 방식으로 간단히 소개하기 매우 어렵다. 따라서 선택은 필수적이다.

식수는 1987년 위트레흐트에서 열린 자신의 작품에 관한 학술대회에서 "무의식의 장면에서 역사의 장면으로"라는 논문을 통해 자신의 글쓰기 여정을 "내 안으로 갔다가 나의 바깥으로 나가는 여정" 즉 "무의식의 방까지 가는 구불구불하고 복잡한 길을 거친 다음, 다시 나에게서 나와서 타자에게로 향하는 여정"(Cixous, 1990: 24)으로 규정했다. 식수 자신이 제시한 방향에 따라 먼저 자아 탐구를 다룬 초기 대표작 ≪내부≫를 살펴보고, 이어 타자에 대한 열림을 다룬 중기 픽션들을 살펴보자.

≪내부≫

식수의 첫 번째 장편 소설인 ≪내부≫는 식수의 픽션 중에서 가장 대중적으로 성공한 소설일 것이다. 성공의 이유 중 하나는 이 소설이 비교적 정통적인 서사 양식을 채용하고 있다는 점이다. 이후 집필된 식수의 소설들이 형식적으로나 내용적으로 매우 실험적이어서 난해한 것으로 정평이 난 데 반해 ≪내부≫는 주제적·형식적으로 기존의 소설적 관습에서 크게 벗어나지 않는다. 이 소설은 우선 그 주제가 친근하다. 아버지에 관한, 더 정확히는 아버지의 죽음에 관한 소설이다. 또한 아버지의 죽음 이후 아버지와의 합일에서 빠져나와 독립된 개체로서의 정체성을 찾아 가는 자아 형성에 관한 소설이다.

소설의 초반에서 '나'는 죽은 아버지를 회상한다. 그녀와 아버지는 완전한 합일 상태다.

> 그는 나를 위해 모든 것을 살았다.… 강물은 나를 부드럽게 굴려서 반들거리는 그의 팔뼈의 완만한 곡선으로 인도해 갔고, 나는 아찔한 스릴을 느꼈다. 그리고 우주는 내 육신의 살로 이루어져 있었다. 나는 모든 한계를 잊었고, 처음을 잊고, 끝과 그의 팔을 혼동했다. 나는 내 자신이 변하지 않는 중심

이라고 믿었다.(Cixous, 1969: 24)

이는 바로 라캉이 말하는 상상계 속에서의 엄마와 아기의 합일 상태다. 실제로 ≪내부≫에서 행해진 나의 기원 탐색은 매우 정신분석적인 용어로 묘사되었다. 그 뒤의 단계 역시 그러하다. 갑자기 아버지가 죽자 '나'는 자신이 "무질서와 소음이 가득한 세계"(Cixous, 1969: 36)에 내던져졌다고 느낀다. 이제 '나'에게 남은 것은 '기억과 낯선 세계' 뿐이다.

> 그러나 나는 그 세계를 알고 싶지 않다. 내 자리가 없는 그 세계에 남아 있지도, 돌아가고 싶지도 않다. 모든 것이 나를 아프게 하고 모든 사람이 나를 두렵게 하는 그곳에 던져지고 싶지도 않다. 나만의 구석에서 내 영혼은 현실의 침입을 악착같이 막았고, 내 몸은 마구 인상 쓰고 펄펄 뛰면서 성가신 이들을 격퇴했다.(Cixous, 1969: 36-37)

낯선 세계에 들어가기를 거부하는 '나'는 아버지의 죽음을 받아들이지 못한다. 그녀는 퇴행해 아버지를 상상 속에서 재창조한다. 그러나 죽은 아버지와의 합일은 결국 죽음을 의미할 뿐이다.

> 매일 밤 … 나는 우리의 조용한 곳, 말 없는 우리들의 불멸성 속에서 아버지를 만났다. 몸과 몸을 맞대면 모든 위험과 상실이 사라졌다. 그가 나를 껴안고, 내가 그의 볼에 키스할 때 나는 죽음 외에는 아무것도 원하지 않았다. 우리가 그렇게 죽는다면 우리는 결코 분리되지 않을 것이다.(Cixous, 1969: 83)

그러나 결국 그녀는 이 죽음을 받아들여야 했다. 그러자 새로운 문제가 생겨난다. 바로 '나'의 정체성 문제다. 아버지와 합일된 세계에서는 "내가 아버지인" 반면 그와의 분리는 필연적으로 "나는 누구인가"라는 질문을 제기하기 때문이다. 그리고 그녀는 남들뿐 아니라 자기 스스로도 자신이 누구인지 모른다는 사실을 깨닫는다.

> 아무도 내가 누구인지 모른다. 엄마도, 할머니도, 오빠도…. 적어도 처음에는 나 자신도 내가 누구인지 몰랐다. 왜냐하면 아버지의 사망 이전까지 나는 모든 사람이 안팎이 똑같다고 생각했기 때문이다. 나는 그저 어린 여자아이이고, 어린 여자아이들은 똑같다고 생각했기 때문이다.(Cixous, 1969: 65-66)

'나'의 정체성 모색은 2부에서도 계속된다. 그사이 20년

이 흘렀다. 그사이 그녀는 아버지의 대리물일지도 모를 여러 연인들을 가졌다. 어느 날 그녀의 애인은 그녀에게 "내[그녀]가 그[애인]에게 모든 것"이라고 말한다. 그녀는 이 말의 상대성을 깨닫고 자문한다.

> 나는 모든 것이며 바다와 산과 시간인가? 아니면 나는 그가 욕망하는 모든 것일 뿐 그 외에는 아무것도 아닌 것일까? 단지 그가 원하는 모든 것 그게 무언데 어디 있는데? 어쩌면 … 정말 나는 아무것도 아닌 것일까?(Cixous, 1969: 171)

그녀는 이처럼 남성의 욕망에 의해 규정된 자신의 정체성에 반발한다. "그것은 참을 수 없다. 왜냐하면 그것은 틀린 것이고 불가능한 것이기 때문이다. 나의 내부에서는 무엇인가가 타고 있는데, 아무것도 아닌 것(없는 것)은 탈 수 없다."(Cixous, 1969: 172)

그녀의 각성은 자신의 손가락을 잘라 연인(아버지)에게 주는 행위로 나아간다(Cixous, 1969: 190). 수전 셀러스(Susan Sellers)의 해석대로 이 행위는 상징적 차원에서의 거세, 즉 "아버지를 버리고 세상으로 들어가려는 그녀의 결심"(Sellers, 1996: 32)을 의미한다. 그녀는 자신의 헌 손가락을 연인, 혹은 아버지에게 주고 새로운 손을 갖게 된다

(Cixous, 1969: 192).

이 '새로운 손', 즉 그녀의 새로운 정체성이 무엇인지 그녀는 아직 모른다. 그러나 그녀는 이제 확실히 안다. "나는 아직 시작점에 있었다"는 것을. 그리고 "그 시작은 모든 것으로부터 나를 분리하는 것"(Cixous, 1969: 209)이었다는 것을.

중기 픽션

"무의식의 장면에서 역사의 장면으로"에서 식수는 자신의 소설 ≪레모네이드 모든 것이 그렇게 무한했다(Limonade tout était si infini)≫를 설명하기 위해 프란츠 카프카(Franz Kafka)의 일화를 든다. 카프카의 가장 친한 친구 중 한 명인 오스카 바움(Oskar Baum)이 전한 일화에 따르면 카프카는 그를 처음 만난 자리에서 고개를 숙여 인사했다. 그런데 바움은 맹인이었다. 카프카는 바움이 보지 못하는 것을 뻔히 알면서도 그에게 고개 숙여 인사한 것이었다. 바움은 카프카의 인사를 촉각으로 알았다. 바움이 고개를 숙였다 드는 과정에서 카프카의 앞머리카락이 그의 이마를 살짝 스쳤던 것이다(Cixous, 1990: 25).

식수는 이와 같은 타자에 대한 '카프카의 섬세함'을 타자에 대한 태도의 지향점으로 보았다. 타자에 대한 열림은 식수가 제안한 여성적 글쓰기의 중요 요소다. 식수는 중기 픽션인 ≪불안(Angst)≫, ≪오랑주 살기(Vivre L'Orange)≫, ≪프로메테아의 책(Le livre de Promethea)≫ 등에서 이 문제를 다루었다. 이들 픽션에서는 식수가 이론서에서 제안한 '여성적 글쓰기'의 여러 방식들이 모색된다. 그중 다소 관습적인 소설 형식을 따르는 ≪프로메테아의 책≫에서조차 타자와의 관계, 글쓰기, 대안적 인식 방식, 서술과 재현 양식에 관한 다양한 실험이 이루어진다.

이러한 다양한 문제들을 짧게, 개괄적으로 살펴보는 것은 불가능하다. 식수의 픽션에 대한 연구서를 쓴 마르틴 모타르노아르(Martine Motard-Noar)를 비롯해 여러 연구자들이 이 점에 동의한다(Motard-Noar, 1991: 11). 그러므로 우리의 논의는 매우 선택적일 수밖에 없다. 단, 그 선택이 식수의 전체적인 글쓰기 여정을 더욱 잘 보여 주는 것이기를 기대할 뿐이다. 따라서 우리는 식수 자신이 제시한 방향을 따라 타자와의 관계라는 관점에서 이 시기의 대표적 작품인 ≪프로메테아의 책≫을 살펴보고자 한다.

이 소설은 여주인공인 프로메테아에 관한 책을 만들어 가는 과정에 관한 것이다. 작가인 '나'는 여성이다. 그녀는 또 다른 여성인 프로메테아를 사랑하고 있다(Cixous, 1983: 43). 그러므로 작가는 화자인 동시에 작중 인물이기도 하다. 여기서 딜레마가 생겨난다. 바로 한 사람이 현재의 삶을 사는 동시에 그에 대한 글쓰기를 할 수 있느냐는 문제다. 물론 소설의 서술 형식 중에는 작중 인물의 생각을 동시적으로 서술하는 '내적 독백'이 있다. 그러나 이는 소설적 관습일 뿐 실제 글쓰기 상황은 아니다. 글쓰기에는 거리가 필요하며, 실제 삶에서 작가는 결코 행위를 하는 동시에 글을 쓸 수 없다. 게다가 식수는 이런 소설적 관습들을 조롱하고 파괴하는 것으로 유명하다.

≪프로메테아의 책≫에서 식수가 고안해 낸 해결책은 작가를 '나'와 'H'로 나누는 것이다. 'H'는 대체로 작중 인물에 가깝고, '나'는 작중 인물을 관찰하고 묘사하는 화자에 가깝다. 예를 들어 '나'는 작품의 초반에서 H의 행동에 대해 다음과 같이 묘사한다. "일주일 동안 H는 열심히 노력했지만 허사였다."(Cixous, 1983: 11) 그러나 이 두 입장은 자주 혼동되고, 때로 뒤바뀌기도 한다. 여기서 문제를 더욱 복잡하게 하는 것은 작중 인물인 프로메테아 역시 화자로서 책의 서술에 관여한다는 점이다. '나'는 그녀가 "실제적으로 전체 텍스트를 다 만든"(Cixous, 1983: 11) 사람이라고 단언한다. 또한 프로메테아는 글쓰기에 대해 여러

가지 제안을 하고, 책의 말미에서는 '나'가 쓰는 책의 제목을 제안하기도 한다(Cixous, 1983: 247).

이처럼 작가를 다수의 인물로 분화시키는 것은 작가의 권위를 약화한다. 식수는 ≪새로 태어난 여성≫의 1부에서 '자기고유성의 제국'이 부과한 지배 관계를 비판한다. 또한 3부에서 이러한 지배 관계의 텍스트적 표현인 '지배의 담론'에 대한 우려를 표명한다(Cixous & Clément, 1975: 246). 일반적으로 소설 속 허구적 세계를 지배하는 것은 작가 혹은 화자다. ≪프로메테아의 책≫에서 식수는 소설 속에 복수의 분신들을 도입해 작가가 소설 속에서 갖는 "관습적인 지배의 위치를 우회할"(Sellers, 1996: 57) 수 있었다.

이제 남은 것은 이러한 글쓰기를 어떻게 수용하느냐의 문제다. 글쓰기의 문제는 읽기의 문제이기도 하기 때문이다. 소설 첫머리에서 '나'는 소설의 '서론'을 자신이 쓸 수밖에 없는 이유를 설명한다. H는 일주일이나 노력했지만 별 무소득이었고, 프로메테아는 사실상 텍스트 전부를 만든 사람이었기 때문에 어쩔 수 없었다는 것이다. 여기서 화자인 그녀가 말하는 상대방, 즉 수화자(受話者)는 H도 프로메테아도 아니다. 따라서 그녀의 발화 상대는 소설 세계 바깥에 있는 독자다. 실제로 이 소설에는 읽기의 문제에 대한 고려가 곳곳에 나타나 있다. 작가인 '나'는 '악의적 읽기'에 대해, 독자가 가질지도 모를 '잘못된 인상'에 대해 염려한다. "모든 책의 문제는 읽기의 문제로 변하기"(Cixous, 1983: 68) 때문이다.

이렇듯 글쓰기 즉 식수의 글쓰기 과정의 최종 단계는 작가, 그의 분신, 작중 인물에 이어 독자까지 포함한다. 이는 글쓰기 속에 타자를 포함시키는 과정이기도 하다. 이 과정을 통해 '나'에게서 시작된 글쓰기는 '너'와 '그(그녀)'를 거쳐 '우리'에게로 나아간다(Cixous, 1983: 22).

참고문헌

Cixous, H.(1969). *Dedans.* Paris: Grasset.(재출간: des femmes, 1986)

Cixous, H.(1977). *Angst.* Paris: des femmes.

Cixous, H.(1979). *Vivre L'Orange.* Paris: des femmes.

Cixous, H.(1982). *Limonade tout était si infini.* Paris: des femmes.

Cixous, H.(1983). *Le livre de Promethea.* Paris: Gallimard.

Cixous, H.(1990). De la scène de l'Inconscient à la scène de l'Histoire: Chemin d'une écriture. van Rossum-Guyon, F. & Diaz-Diocaretz, M.(eds.). *Hélène Cixous: Chemins d'une écriture,* pp. 105-110. Saint-Denis: Presses Universitaires de Vincennes.

Cixous, H. & Clément, C.(1975). *La jeune née.* Paris: Union Générale d'Édition. 이봉지 옮김(2005). ≪새로 태어난 여성≫. 나남.

Motard-Noar, M.(1991). *Les fictions d'Hélène Cixous: une autre langue de femme.* Lexington, Kentucky: French Forum Publishers.

Sellers, S.(1996). *Hélène Cixous: Authorship, Autobiography and Love.* Cambridge, UK: Polity Press.

09
연극

자아 탐구에서 시작해 타자에게로 가는 식수의 글쓰기 여정은 연극에서도 그대로 반복된다. 식수의 초기 희곡은 가부장제가 부과한 기존 여성 정체성으로부터의 해방과 진정한 여성 정체성의 모색이라는 주제를 다룬다. 반면 1980년대 중반 이후 쓰인 식수의 희곡들은 타자, 특히 개인적 차원의 타자가 아니라 역사의 타자, 즉 식수와는 시대적·문화적 배경이 전혀 다른 인물들을 통해 역사가 각 개인의 삶에 미친 영향을 탐색한다. 태양극단과 협업한 이들 연극에서 식수는 과격한 '탈아화(脫我化)'를 시도한다. 식수는 왜 그리고 어떻게 인도의 산적 두목, 시아누크, 간디, 중국의 영주와 같은 지구 저편 아시아 인물들의 이야기를 무대 위에 펼쳐 놓았을까?

≪도라의 초상≫

식수의 첫 희곡은 1972년 출판된 ≪피후견인(La Pupille)≫이다. 그러나 이 희곡은 무대에서 상연되지 못했기 때문에 대체로 1976년 초연된 ≪도라의 초상(Portrait de Dora)≫이 식수의 첫 연극으로 간주된다. 이 희곡은 여성적 글쓰기의 선언문인 "메두사의 웃음", ≪새로 태어난 여성≫과 같은 시기에 집필되었으며 당시 식수의 관심사, 즉 가부장제가 부과한 기존 여성 정체성으로부터의 해방과 진정한 여성 정체성의 모색이라는 주제를 다룬다.

≪도라의 초상≫은 1972년 라디오용 대본으로 집필되었다가 이후 희곡으로 개작되었다. 1976년 2월 오르세극장에서 시몬 벤무사(Simone Benmussa)의 연출로 초연되었고, 대성공을 거두어 1년 동안 계속 상연되었다. ≪도라의 초상≫은 프로이트의 ≪히스테리 사례 분석 단편(Bruchstück einer Hysterie-Analyse)≫을 재해석한 작품이다. 프로이트가 '도라'라고 명명한 환자는 이다 바우어(Ida Bauer)라는 실존 인물이었으며, 그녀는 프로이트가 치료를 끝내기도 전에 프로이트의 치료를 거부하고 그를 떠난다.

도라는 식수에게 특별한 인물이다. 도라는 식수의 초기 소설인 ≪태양의 초상(Portrait du Soleil)≫, ≪라≫ 등에도 등장하며 ≪새로 태어난 여성≫에서도 여러 번 언급된다. 예컨대 식수는 ≪새로 태어난 여성≫ 2부 "출구(Sorties)"에서 "만약 여성의 역사가 그 당시에 이미 시작되어 있었더라면 도라는 어떤 여성이 되었을까? 나는 바로 그러한 도라다"(Cixous & Clément, 1975: 180)라고 이야기한다.

식수는 부르주아 사회의 제도에 저항하고 그 제도의 한 부분인 프로이트의 치료를 거부할 수 있었던 도라와 자신을 동일시한다. 그런데 식수에 따르면 여성은 모두 도라와 같은 입장이다. ≪새로 태어난 여성≫ 3부의 두 번째 텍스트, 즉 "견딜 수 없는 여성(L'Intenable)" 첫머리에 나오는 명구(exergue)에서 식수는 "도라가 아닌 여성은 누구인가"(Cixous & Clément, 1975: 261)라고 묻는다. 이로써 도라라는 인물이 가부장적 사회에서 살아가는 모든 여성에 대한 일종의 대명사 역할을 한다는 점을 분명히 한다. 그러므로 도라의 정체성 찾기는 바로 식수 자신의, 더 나아가 여성 일반의 정체성 찾기의 첫걸음이다.

도라의 정체성 탐색에서 가장 중요한 것은 남성, 즉 가부장적 이데올로기에 의해 규정된 정체성으로부터의 탈피다. 극의 초반에서 도라의 정체성 위기는 무의식 차원에서 다루어진다. 도라는 무대의 측면에서 연기되는 환상 장면에서 K 씨에 대한 자신의 욕망을 드러낸다. 도라의 성적 환상은 그녀가 그를 욕망하는 동시에 그의 목을 자르고 싶어 함을 보여 준다(Cixous, 1976: 25-27). 이는 K 씨에 대한 도라의 양가적 감정을 드러낸다. 도라에게 K 씨는 욕망의 대상인 동시에 증오의 대상인 것이다.

그러나 극이 진행되면서 도라는 자신이 아버지, K 씨 그리고 K 씨 부인 사이에서 사고파는 물건처럼 교환되는 존재로 취급되고 있음을 깨닫고 커다란 배신감을 느낀다. 이러한 배신감은 도라에게 욕망의 고갈을 초래한다. 도라는 이제 자신이 "아무것도 원하지 않을" 뿐 아니라 심지어 "죽었다"고 느낀다. 배신에 치를 떨던 도라는 K 씨가 호숫가에서 자신을 유혹했다는 사실을 폭로한다. 그러자 도라의 아버지는 그것을 어린아이의 상상으로 치부하며 그녀의 '병'을 치료하기 위해 그녀를 프로이트에게 보낸다. 프로이트는 도라를 히스테리 환자로 규정해, 도라의 욕망과 여성성을 있는 그대로 보는 대신 오직 남근 선망이란 잣대로만 판단한다. 그러자 도라는 프로이트의 진료를 스스로 종결하고 그를 떠난다. 프로이트 없이 "혼자 병을 고치"(Cixous, 1976: 99)기로 결심한 것이다.

이러한 도라의 독립 선언은 가부장적 질서에 의해 자신에게 부과된 기존 정체성, 즉 남성의 오이디푸스적 욕망에 의해 규정된 여성 정체성에 대한 거부의 몸짓이다. 물론 도라는 끝까지 자신이 정확히 어떤 사람인지 알지 못한다. 그러나 적어도 자신의 정체성이 프로이트를 비롯한 남성들이 규정한 것과는 다르다는 것을 안다. 이런 맥락에서 ≪도라의 초상≫에서 전개되는 도라의 여정은 무엇보다 자신의 운명에 대한 지배, 즉 그녀의 아버지, K 씨 그리고 프로이트에게 지배당하던 종속적 위치에서 벗어나 스스로를 해방하는 것을 의미한다. 그리고 도라가 더 이상 나아가지 못했다면 그것은 그녀의 잘못이 아니다. 식수의 말대로 당시 '여성의 역사'는 아직 시작되지 않았기 때문이다.

인도, 캄보디아, 중국

"무의식의 장면에서 역사의 장면으로"에서 식수는 자신의 연극적 글쓰기의 기원에 부끄러움이 있었다고 밝혔다. 그것은 "사람들이 죽어 가는데 너는 글이나 쓰고 있다"(Cixous, 1990: 26)는 죄책감이었다. 그러나 픽션으로는 역사에 도달하기 어려웠다. "역사는 (역사가가 아닌 경우) 텍스트 속에서 시적으로밖에 다루어질 수 없고, 따라서 노래로 불리거나 ≪일리아드≫ 같은 서사시여야 한다"(Cixous, 1990: 28)고 생각했기 때문이다.

그러다가 식수는 연극을 만났다. 식수에게 연극은 "아직도 서사시가 존재하는 장소"이자 "모든 타자의 욕망이 즉각적으로 존재하는 장소"(Cixous, 1990: 28)였다. 식수와 현대 역사의 조우는 먼저 인도에서 이루어졌다.

≪마두바이의 학교 점거≫

1983년 12월 유럽극단(Théâtre de l'Europe)에 의해 초연된 ≪마두바이의 학교 점거(La Prise de l'École de Madhubaï)≫는 실화에 바탕을 둔 작품이다. 1981년 북부 인도의 한 마을에서 여성 두목이 이끄는 산적 떼가 그곳에서 자행된 집단 강간에 대한 복수로 그 마을 상류층 남자 20명을 쏴 죽인 사건이 일어났다. 이 두목은 풀란 데비(Phoolan Devi)라는 여성으로, 1983년 초 정부와의 협상 끝에 자수했다. 그 후 11년간의 감옥살이 끝에 석방되어 1996년 국회의원이 되었지만 2001년 자기 집 앞에서 암살되었다. 1994년에 그녀의 생애를 다룬 ≪산적 여왕(Bandit Queen)≫이라는 영화가 개봉되어 국제적으로 유명해졌다. 식수는 1983년 봄 풀란 데비의 자수에 관한 기사를 신문에서 보고 바로 희곡 집필을 시작해, 그해 겨울 프티 오데옹(Petit Odéon) 극장 무대에 올렸다.

이 연극의 주인공은 풀란 데비와 마찬가지로 천민 출신

의 여성인 사쿤데바(Sakundeva)다. 사쿤데바는 아버지에게 학대받았고, 어린 나이에 늙은 사촌과 강제 결혼하며, 가정 폭력에 시달리다 도망쳐서 우여곡절 끝에 산적 집단의 우두머리가 된다. 풀란 데비와 동일한 범죄를 범한 사쿤데바는 신출귀몰 경찰을 따돌린다. 자신에게 막대한 현상금이 걸리자 사쿤데바는 이모를 찾아와 자수에 대해 상의한다. 주 정부의 수상 또한 그곳을 찾아와 비밀리에 그녀와 막후교섭을 한다. 사쿤데바는 수상에게 자수 조건을 제시한다. 그중 가장 중요한 것은 자신에게 붙은 현상금을 마두바이 마을에 여학교를 세우는 데 써 달라는 것이었다. 이틀 동안의 협상 끝에 수상은 그녀의 조건을 수락한다. 이제 남은 것은 사쿤데바의 선택뿐이다. 그리고 그 순간 막이 내린다.

관객은 끝까지 사쿤데바의 선택을 알지 못한다. 그러나 이 연극에서 가장 중요한 것은 사쿤데바의 선택이 아니다. 식수는 이 연극을 통해 인도 사회의 양극화 문제와 그 사회에서 가장 억압받는 계급인 하층계급 여성의 처지를 전면에 부각한다. 물론 이 연극에 나오는 여성들이 결코 무력한 희생자이기만 한 것은 아니다. 그녀들은 어려움을 딛고서 함께 저항하고 연대한다. 사쿤데바와 이모의 관계는 이러한 여성 간의 연대를 극적으로 보여 주는 사례며, 사쿤데바가 자신의 안위보다 자신의 후배 격인 인도 여성들을 위해 학교를 세우려고 노력하는 태도는 식수가 말하는 '여성적 이코노미'의 특징인 "계산 없이 자기 자신을 내주는"(Cixous & Clément, 1975: 158) 것, 즉 '허여'의 태도다. 이런 맥락에서 ≪마두바이의 학교 점거≫는 과도기적 작품이다. 식수는 연극을 통해 여성 개인의 내부에서 벗어나 바깥, 즉 역사 속으로 나아갔다. 그러나 이때 그 역사는 아직 여성에 머물렀다. 캄보디아의 킬링필드 앞에서 식수의 대상은 억압당하는 사람들 일반으로 확대된다.

≪캄보디아의 왕 노로돔 시아누크의 끔찍한 미완성의 역사≫

식수는 1983년 태양극단의 연출자 아리안 누슈킨을 만나 협업을 제안받는다. 그 결과로 나온 작품이 대하 역사극 ≪캄보디아의 왕 노로돔 시아누크의 끔찍한 미완성의 역사(L'Histoire terrible, mais inachevée de Norodom Sihanouk)≫다. 태양극단은 누슈킨의 주도로 1964년 창단된 실험적 극단이다. 1970년 여름 태양극단은 뱅센 숲속에 방치되어 있던 옛 탄약제조소인 카르투셔리(Cartoucherie)를 파리 시로부터 임대해 역사를 다룬 연극들을 무대에 올렸다. 식수와 누슈킨은 의기투합해 유례가 없을 정도로 방대한 역사극을 창작한다.

1985년 9월 11일 카르투셔리 극장에서 초연된 ≪캄보디아의 왕 노로돔 시아누크의 끔찍한 미완성의 역사≫는 상연 시간이 거의 9시간에 육박하기 때문에 2부로 나뉘어 이틀에 걸쳐 공연되었다. 5막으로 구성된 1부는 1955년 3월 시아누크의 전략적 퇴위에서 시작한다. 2부 역시 5막으로 구성되며, 1970년 시아누크가 베이징으로 망명하는 장면에서 시작해 1979년 베트남의 캄보디아 침공 장면에서 끝난다. 식수는 24년간의 캄보디아 역사를 캄보디아의 왕 시아누크를 중심으로 풀어 나간다. 여기서 시아누크는 전통의 담지자로서 관대하고 유연한 인물로 그려진다. 반면 시아누크의 반대편에 있는 크메르루주(Khmers rouges)의 지도자들은 경직된 혁명가이자 개인적 관계를 거부하는 인물들로 나타난다. 물론 시아누크에게도 결점은 있다. 바로 자신이 두 세력 간 균형을 이룰 수 있다는 잘못된 확신을 지녔다는 점이다. 흔히 '줄타기 외교'라고 불리는 시아누크의 균형 정책의 한쪽에는 시아누크 자신의 친척들과 군인들 그리고 미국이 있고, 다른 한쪽에는 중국 공산당과 베트남 공산당 그리고 크메르루주가 있다. 시아누크는 이 두 진영의 이해관계를 잘 조절해 캄보디아의 독립과 평화를 유지할 수 있다고 믿었다. 그러나 그것은 순진한 생각이었다. 시아누크의 실패는 킬링필드라는 유례없는 학살을 거쳐 결국 국권 상실을 초래한다.

그러나 이 연극에 시아누크의 시각만이 존재하는 것은 아니다. 각각의 인물들은 각기 다른 시각을 가지고 있다. 우리가 아는 '객관적'인 역사는 시아누크, 미국의 지지를 받는 론 놀(Lón Nol) 장군, 크메르루주의 지도자 폴 포트(Pol Pot)와 같은 남성들을 중심으로 기술된다. 그러나 식수는 시아누크의 어머니 코소막(Kossomak) 왕비나 시아누크의 부인과 같은 상류층 여성들뿐 아니라 이름 없는 서민들을 대표하는 여성들까지 등장시켜 남성들과는 다른 시각을 제공한다. 그리고 이들을 통해 죽음의 세력에 맞서 삶을 지속시켜 나가는 여성적 가치를 강조한다.

"무의식의 장면에서 역사의 장면으로"에서 식수는 "왜 캄보디아에 대해 쓰는가"라는 질문에 대한 마지막 대답으로 난민 캠프를 든다. 식수의 글쓰기는 그곳에서 "소멸 위기에 처한 예술과 문화를 위해 투쟁하는 캄보디아인들"을 위한 것이다(Cixous, 1990: 33). 이로써 식수의 연극적 글쓰기는 소멸되어 가는 모든 것을 보호하고 그 역사적 기억을 복원하는 작업을 향해 나아간다.

≪앵디아드≫와 ≪제방 위의 북≫

이후 식수는 태양극단과 함께 아시아에 관한 연극 두 편을 창작한다. 1987년 초연된 ≪앵디아드, 혹은 그들이 꿈꾸는 인도(L'Indiade, ou l'Inde de leurs rêves)≫와 1999년 발표된 ≪제방 위의 북(Tambours sur la digue)≫이 그것이다. ≪앵디아드≫는 상연 시간이 4시간이 넘는 대작으로, 인도의 독립과 뒤이은 인도와 파키스탄 분할의 드라마, 즉 1937년 선거부터 1948년 마하트마 간디(Mahatma Gandhi) 암살까지의 과정을 재현한다. 여기서 핵심 논의는 자와할랄 네루(Jawaharlal Nehru) 등을 중심으로 하는 인도국민회의 진영과 무함마드 알리 진나(Muhammad Ali Jinnah)를 중심으로 하는 무슬림동맹 진영 사이에서 이루어진다. 이들은 오랜 논의에도 불구하고 자신의 입장만 완강하게 고수하다가 결국 유혈 사태를 빚는다. 간디는 이들 중 어느 진영에도 속하지 않은 채 비폭력과 사랑을 설파한다. 그러나 간디의 노력에도 불구하고 유혈 사태가 더욱 과격해지자 간디는 이를 중단시키기 위해 목숨을 건 단식 투쟁에 돌입한다. 간디의 건강을 염려한 두 진영은 휴전에 합의하지만 바로 그 순간 간디는 힌두교 광신자에게 암살당한다.

≪제방 위의 북≫은 1982년의 양쯔강 대홍수에서 착안된 작품이다. 중세 중국을 배경으로 하지만 그 시대는 명확하지 않으며, 주제는 홍수의 위협에 직면한 어느 마을의 운명을 놓고 벌어지는 갈등과 다툼이다. 극의 초입에서 마을

의 예언자는 대홍수를 예언한다. 마을의 영주인 캉은 신하들과의 회의 끝에 마을을 둘러싼 두 개의 둑 중 하나를 터뜨리기로 결정한다. 이제 남은 것은 어느 둑을 터뜨릴 것이냐의 선택뿐이다. 북쪽의 둑을 터뜨리면 공장들이 피해를 입고, 남쪽의 둑을 터뜨리면 장인들의 공방이 쓸려 나간다. 영주의 조카 훈은 개인적 이익을 위해 공장을 살리기를 원하고, 재상은 이에 반대한다. 선택하지 못하고 망설이던 영주는 책임을 회피하기 위해 조카 훈에게 양위하고, 군중은 남쪽 둑을 터뜨리려는 훈에게 맞서 싸운다. 그러는 사이에 북쪽 둑이 터져 버리고 마을 사람들은 모두 물에 휩쓸려 죽고 만다.

이 두 연극에서 다루는 갈등은 크게 보아 식수가 초기 이론적 저작에서 비판한 남성적 이코노미의 파괴성과 이에 대항해 생명과 문화를 보존하려는 여성적 이코노미 사이의 갈등이기도 하다. 물론 이들 연극에서 여성적 이코노미를 대변하는 인물은 여성들만이 아니다. ≪앵디아드≫에서 여성적 이코노미를 상징하는 인물은 남성인 마하트마 간디다. 그러나 간디조차 여성적 이코노미의 부드러운 힘만으로는 남성적 이코노미의 억압적 권력을 막아 내지 못한다. 그러나 그것은 결코 완전한 패배가 아니다. 그것은 비극 뒤에도 계속되는 삶을 통해 그 끈질긴 생명력을 증명한다. 식수는 글쓰기를 통해 그들의 기억을 복원함으로써 그 생명력의 지속에 공헌한다.

참고문헌

Cixous, H.(1972). *La Pupille(Cahiers Renaud-Barrault 78).* Paris: Gallimard.

Cixous, H.(1976). *Portrait de Dora.*(재출간: *Théâtre.* des femmes, 1986)

Cixous, H.(1983). *La Prise de l'École de Madhubaï.*(재출간: *Théâtre.* Des Femmes, 1986)

Cixous, H.(1985). *L'Histoire terrible, mais inachevée de Norodom Sihanouk, Roi du Cambodge.* Paris: Théâtre du Soleil.

Cixous, H.(1987). *L'Indiade, ou l'Inde de leurs rêves et quelques écrits sur le théâtre.* Paris: Théâtre du Soleil.

Cixous, H.(1990). De la scène de l'Inconscient à la scène de l'Histoire: Chemin d'une écriture. van Rossum-Guyon, F. & Diaz-Diocaretz, M.(eds.). *Hélène Cixous: Chemins d'une écriture,* pp. 105-110. Saint-Denis: Presses Universitaires de Vincennes.

Cixous, H.(1999). *Tambours sur la digue: sous formes de pièce ancienne pour marionnettes jouée par des acteurs.* Paris: Théâtre du Soleil.

Cixous, H. & Clément, C.(1975). *La jeune née.* Paris: Union Générale d'Édition. 이봉지 옮김(2005). ≪새로 태어난 여성≫. 나남.

10
알제리

식수는 초기 작품들에서부터 알제리를 언급했다. 그러나 결코 알제리를 주요 주제로 삼지는 않았다. 식수가 알제리에 대해 본격적으로 글을 쓰기 시작한 것은 1990년대 중반 이후다. 식수는 1990년대 알제리 내전 때부터 알제리에 대한 기억을 다시 떠올리게 되었고, 이는 1997년 발표한 "나의 알제리앙스"라는 에세이로 응결되었다. 이후 식수는 여러 자전적 작품에서 알제리를 본격적으로 다룬다. 이 때문에 식수는 탈식민주의적 관점에서 다루어지기도 한다.

식수의 초기 작품과 알제리

식수는 프랑스 식민지였던 알제리의 오랑에서 태어났다. 1955년에 프랑스로 학업을 위해 이주했고, 1971년 어머니 에브 클라인이 독립한 알제리 정부에 의해 쫓겨나 프랑스로 이주한 이후 오랫동안 알제리를 방문하지 않았다. 식수에게 알제리는 고향인 동시에 고향이 아닌 곳이었고, 그녀는 알제리에 대해 양가적 감정을 품었다.

식수의 초기 이론적 작품에서 알제리는 주로 자신의 주장을 지지하기 위한 예로서 언급되었다. 예를 들어 ≪새로 태어난 여성≫ 2장에서 식수는 자신이 어린 시절 체험한 본국과 식민지의 관계, 즉 프랑스와 알제리의 관계를 주체에 의한 타자의 말살이라는 관점에서 분석한다.

> 타자성의 역설. 그것은 역사의 어떤 순간에도 타자성이 있는 그대로 용납된 적이 없음을 뜻한다. 타자는 항상 다시 소유되고, 도로 잡히고, '다른' 사람으로서의 속성을 파괴당했다. 심지어 배제조차 진정한 배제가 아니다. 알제리는 프랑스가 아니라 '프랑스적'이었던 것이다.(Cixous & Clément, 1975: 128)

여기서 우리는 식수가 ≪새로 태어난 여성≫을 쓸 당시부터 프랑스 식민자의 관점이 아니라 피식민지인 즉 알제리인의 관점에서 식민지 문제를 보았음을 알 수 있다. 이처럼 식수는 프랑스 국적을 가진 백인이었지만 심정적으로 알제리의 아랍인들 편이었다. 그러나 식수는 결코 그들과 하나가 될 수 없었다. 아랍인들은 식수를 자신들의 일원으로 받아들여 주지 않았기 때문이다. 이러한 상황은 식수의 초기 소설 ≪내부≫의 첫머리에서 다음과 같이 묘사된다.

> 우리 집은 포위되어 있다. 그것은 철망으로 둘러싸여 있다. 우리는 그 안에서 산다. 밖에는 5만 명이 우리를 포위하고 있다. 그 안은 어쨌든 우리 집이다. 그들은 감히 안으로 들어오지 못할 것이다.(Cixous, 1969: 11)

제2차 세계대전이 끝나자 엘렌 식수의 아버지 조르주 식수는 오랑을 떠나 알제리의 수도 알제로 이사한다. 그들 가족이 옮겨 간 집은 백인 거주 지역이 아니라 원주민 거주 지역인 클로살랑비에(Clos-Salembier)에 있었다. 그러므로 식수 가족을 포위하고 있던 5만 명은 바로 알제리 원주민들이다. '우리 집'은 철망의 보호를 받는다. 그 덕에 '우리 집'은 아랍인들에게 침입받지 않는다. 그러나 이 때문에 식수와 그녀의 가족은 아랍인들과 교류할 수 없다.

≪내부≫에서 식수는 이런 자세한 사정을 설명하지 않는다. 알제리는 이 작품 속, 그리고 다른 여러 초기 작품들 속에 분명히 존재한다. 그러나 알제리는 '나'의 자아 탐색, 혹은 식수의 글쓰기 여정을 둘러싼 흐릿한 배경일 뿐이다. 이 배경이 구체적인 실체가 되는 것은 그로부터 거의 사반세기가 지난 후의 일이다.

후기의 자전적 텍스트와 알제리

식수는 2005년 이루어진 자신의 알제리 귀환을 다룬 소설 ≪그렇게 가까이(Si près)≫에서 "1993년 이후, 나는 내 책 속에 알제리 것들이 들어오는 것을 더 이상 막을 수가 없었다"(Cixous, 2007: 19)고 고백한다. 실제로 식수는 1990년대 중반에서 후반에 걸쳐 출판한 ≪조상의 사진(photos de racines)≫, ≪오르, 내 아버지의 편지≫ 그리고 ≪오스나브뤼크≫에서 알제리의 기억들을 소환한다. 그러나 그 기억들은 식수의 조상, 아버지 그리고 어머니라는 중심 주제들에 덧대어진 혹은 끼어드는 부차적 주제였을 뿐이다. 반면 식수의 에세이 "나의 알제리앙스"와 자전적 소설 ≪야생 여인의 몽상≫은 알제리에서 보낸 그녀의 과거 경험을 중심으로 전개된다. 이 두 저작을 중심으로 알제리에서 경험한 식수의 삶의 편린을 엿봄으로써 그녀와 알제리의 관계를 살펴보자.

"나의 알제리앙스"

'알제리앙스(Algériance)'는 식수가 만들어 낸 신조어다. 알제리와 "프랑스어의 점진적 형태 어미인 iance"가 결합한 이 말은 "그녀의 알제리에서의 과거 경험"을 포함한 "알제리 것들"을 총괄하는 매우 느슨한 개념이다(Everett, 2017: 203). 식수가 "나의 알제리앙스"라는 에세이를 쓴 직접적 계기는 1990년대 중반 알제리 여성들의 방문이었다(Everett, 2017: 209). 1990년대에 발발한 알제리 내전에서 이슬람원리주의자들은 교육받은 여성들에게 적대적이었으며, 이 때문에 많은 여성들이 살해되었다(Debrauwere-Miller, 2008: 101). 알제리 여성들이 도움을 청하기 위해 식수를 찾아왔을 때 그녀는 자신의 알제리 경험을 상기했다. 식수 역시 알제리에서 여러 가지 차별을 경험하고 큰 고통을 겪었기 때문이다.

식수가 경험한 알제리는 아랍과 프랑스로 나눠진 세계였다. 그곳에서 프랑스인과 아랍인은 서로를 미워했다. 식수의 가족은 엄밀히 말해 프랑스인이 아니었다. 그들은 유대인이었기 때문이다. 1870년 프랑스의 황제 나폴레옹 3세는 알제리의 유대인들에게 프랑스 국적을 부여했다. 스페인계 유대인으로서 오래전 북아프리카에 정착해 살고 있던 식수의 부계 가족들은 이때 프랑스 국적을 취득했다. 그러나 그들은 결코 진정한 프랑스인이 될 수 없었다. 프랑스인이기 이전에 유대인이었기 때문이었다. 식수 역시 프랑스 여권을 가지고 있었지만 "나는 프랑스인이다"라는 말은 그녀에게 거짓말처럼 느껴졌다(Cixous, 1997b: 261). 그들이 진정한 프랑스인이 아니라는 사실은 나치가 프랑스를 점령하면서 곧 명백해졌다. 1940년 나치에 협력하는 비시 정부가 프랑스 본국에 수립되자 식수 가족을 포함한 알제리의 유대인들은 프랑스 국적을 박탈당했다. 식수와 그녀의 남동생은 학교에 갈 수 없었고, 프랑스의 군의관으로 복무하던 식수의 아버지 조르주 식수는 의사 면허를 박탈당했다. 더 이상 의사 노릇을 할 수 없게 된 조르주는 생계를 위해 발 치료사로서 티눈을 고치는 일을 할 수밖에 없었다.

이러한 공식적 차별 외에도 식수는 도처에서 여러 가지 형태의 차별을 경험했다. 식수의 남동생은 프랑스 아이들에게 "더러운 유대인"이란 욕을 들었다(Cixous, 1997b: 264). 클럽, 해수욕장과 수영장은 모두 프랑스인만을 위한 것으로 유대인의 사용이 금지되었으며(Cixous, 1997b: 270) 식수가 살던 동네의 스페인인 가게 주인은 유대인 아이들과 아랍 아이들을 구별하지 않고 두 집단을 똑같이 취급하며 욕을 퍼부었다(Cixous, 1997b: 274).

그럼에도 식수 가족은 아랍인들이 보기에 프랑스 그룹에 속했기 때문에 증오의 대상이 되었다. 실제로 식수는 학교에 가는 길에 자주 아랍 아이들의 공격을 받았으며, 한번은 그들의 침 세례를 받기도 했다. 물론 식수는 심정적으로 아랍인들의 편이었다. "아랍인들이 이 먼지 덮인 향기로운 흙의 진정한 자손이라는 확신"(Cixous, 1997b: 259)을 가지고 있었기 때문이다. 게다가 식수는 알제리 사람들을 사랑했다. 그러나 그들은 "우리를 프랑스인, 무슬림 아닌 자 그리고 유대인이라며 원수 취급을 했다"(Cixous, 1997b: 267).

이 때문에 식수는 기회가 오자 미련 없이 알제리를 떠났다. 식수는 프랑스로 갔지만 그곳에 도착한 것은 아니었다. 프랑스 역시 그녀가 속한 곳이 아니라 그저 지나가는 곳에 불과했기 때문이다(Cixous, 1997b: 276). 식수는 알제리를 떠났다. "절대로 돌아가지 않겠다는 확신을 갖고, 아무런 아쉬움 없이." 그러나 알제리 내전과 그 고통 때문에 알제리는 식수에게 다시 돌아왔다. 그리고 식수의 알제리앙스,

즉 알제리에서의 그녀의 과거는 3년 후 출판된 그녀의 자전적 소설에서 드디어 목적지에 도착한다.

≪야생 여인의 몽상≫

> 내가 알제리에 살던 동안 내내 나는 언젠가는 알제리에 도착하기를 꿈꾸었다. 나는 그곳에 도착하기 위해서라면 뭐든지 했을 것이다.… 바로 지금 나는 설명해야 한다. 내가 그 문이 어떻게 열리기를 바랐는지, 나중이 아니라 지금 바로 … 왜냐하면 바로 지금 … 내 잊힌 기억의 긴 회랑 속에서 문 하나가 조금 열렸기 때문이다.(Cixous, 2000: 9)

≪야생 여인의 몽상≫의 첫머리에서 식수는 자신이 어떻게 이 책을 쓰게 되었는지 설명한다. 7월의 어느 날 밤, 식수는 불도 켜지 않은 채 침대 머리맡에 놓아둔 메모지에 알제리에 관한 글을 충동적으로 써 내려가기 시작했다. 식수는 알제리에 사는 동안 내내 알제리에 도착하기를 원했다. 이는 식수가 그곳에 살면서도 이방인이었음을 뜻한다. 그런데 어떻게 그곳을 떠난 지 40년이 넘은 지금 그곳에 도착할 수 있단 말인가? 식수가 글을 쓰기 시작하게 한 충동은 창밖에서 들려온 개 짖는 소리에서 촉발되었다. 식수에

게 그 소리는 마치 어릴 적에 키우던 강아지 핍스의 소리처럼 들렸다. 또한 그것은 "오래전에 죽은 아들의 목소리", 즉 유아기에 죽은 식수의 첫아들의 목소리와 겹쳐졌다. "그때부터 나는 더 이상 이 책을 쫓아 버릴 수 없었다."(Cixous, 2000: 168) ≪야생 여인의 몽상≫은 이렇게 시작되었고, 이와 함께 식수의 알제리 귀환도 시작되었다.

이 소설의 제목에 나오는 '야생 여인'은 이중의 의미를 가지고 있다. 그것은 야생, 즉 가부장적 사회 체계 밖에 존재하는 여성을 가리킨다(Penrod, 2003: 141). 다른 한편으로 그것은 식수가 살던 알제의 집 근처에 있는 아랍인 지구를 지칭하는 지명, '야생 여인의 골짜기(Ravin de la Femme Sauvage)'에서 따온 말이다. 이로써 식수는 이 소설의 주인공이 누구인지 밝히는 동시에 그 지리적 배경 또한 명시한다.

여덟 부분으로 나뉜 이 소설에는 남동생, 어머니, 외할머니와 함께 식수의 자전거, 강아지 핍스, 가정부 아이샤의 이야기가 전개되고 그 외에도 몇몇 조연들이 등장한다. 또한 알제리의 수도 알제와 제2의 도시 오랑에 대한 식수의 기억도 소환된다. 이렇게 식수는 글쓰기를 통해 과거의 장소와 공간을 복원하려 한다. 그리하여 우리는 식수의 초기작인 ≪내부≫의 밀폐된 분위기가 그녀가 살았던 알제시 변두리의 원주민 거주 지역인 클로살랑비에의 실제 현실을 반영하고 있음을 알게 된다. 또한 ≪새로 태어난 여성≫에서 "서너 살 무렵에 (그녀가) 처음으로 길에서 목도한 것"(Cixous & Clément, 1975: 127), 즉 "이 세계가 위계적인 두 다른 세계로 나뉘어 있다는 것"이 바로 알제리의 식민지적 현실이었음을, 그리고 어린 그녀가 책을 읽기 위해 올라갔던 나무(Cixous & Clément, 1975: 130)가 클로살랑비에의 정원에 있었음을 알게 된다.

≪야생 여인의 몽상≫의 마지막 부분에서 식수는 "나는 결코 내가 태어난 모르는 나라 알제리에 대해 쓰기를 원하지 않았다"(Cixous, 2000: 167)고 고백했다. 실제로 식수는 오랫동안 알제리를 주제로 글을 쓰지 않았다. 그러나 알제리는 처음부터 계속 식수의 글쓰기에 영향을 미쳐 왔다. 그러므로 1990년대 후반 이후 식수의 자전적 글쓰기는 글쓰기의 고향에 돌아가려는 귀환의 여정인 셈이다. 식수는 이제 그녀가 내내 꿈꾸어 온 알제리에 도착한 것일까?

참고문헌

Cixous, H.(1969). *Dedans.* Paris: Grasset.(재출간: des femmes, 1986)

Cixous, H.(1997a). *OR, les lettres de mon père.* Paris: des femmes.

Cixous, H.(1997b). Mon Algériance. *Les Inrockuptibles, 115*(8. 20.~9.2.), pp. 71-77. Prenowitz, E.(trans.). My Algeriance: In Other Words, To Depart not to Arrive from Algeria. *TriQuarterly; Evanston, Ill, 100(ProQuest),* pp. 259-279.

Cixous, H.(1999). *Osnabrück.* Paris: des femmes.

Cixous, H.(2000). *Les rêveries de la femme sauvage: Scènes primitives.* Paris: Galilée.

Cixous, H.(2007). *Si près.* Paris: Galilée.

Cixous, H. & Calle-Gruber, M.(1994). *photos de racines.* Paris: des femmes.

Cixous, H. & Clément, C.(1975). *La jeune née.* Paris: Union Générale d'Édition. 이봉지 옮김(2005). ≪새로 태어난 여성≫. 나남.

Debrauwere-Miller, N.(2008). Hélène Cixous, la passante de l'histoire. *Dalhousie French Studies, 84,* pp. 101-111.

Everett, S. S.(2017). The Algerian Works of Hélène Cixous: At the Triple Intersection of European, North African and Religious Nationalism. *International Journal of Politics, Culture, and Society, 30,* pp. 201-217.

Penrod, L.(2003). Algeriance, Exile, and Hélène Cixous. *College Literature, 30*(1), pp. 135-145.

Yee, J.(2001). The Colonial Outsider: "Malgérie" in Hélène Cixous's Novel *Les rêveries de la femme sauvage. Tulsa Studies in Women's Literature, 20,* pp. 189-200.

엘렌 식수(Hélène Cixous, 1937~)

프랑스의 페미니즘 이론가, 소설가, 극작가. 1937년 프랑스의 식민지였던 알제리의 오랑에서 유대인 부모의 장녀로 출생했다. 결혼 후 파리로 이주해 1959년 고등학교 영어교사 자격시험을 통과하고, 1968년에는 제임스 조이스를 주제로 국가박사 학위 논문을 완성한다. 1969년 파리8대학 영문과 교수로 임용되어 1974년 유럽 최초로 여성학 박사 과정을 열었다. '여성적 글쓰기' 개념을 주창해 페미니즘 이론에 크게 공헌했다. 글쓰기에 내재한 (성)정치적 측면을 환기하고 여성의 글쓰기가 지닌 특질에 대한 많은 연구와 탐색을 촉발했다. 1969년 소설 ≪내부(Dedans)≫로 메디시스상을 받았으며, 통틀어 40편 이상의 픽션과 14편의 희곡을 발표한 다작의 작가이자 극작가이기도 하다.

이봉지

서울대학교 불어교육과를 졸업하고 미국 노스웨스턴대학교에서 불문학 박사 학위를 받았다. 배재대학교 프랑스어문화학과 교수를 지냈고 현재는 동 대학교 연극영화학과 명예교수다. 저서로는 18세기 프랑스 소설에서 자주 발견되는 허구적 인물인 편집자의 양상과 역할을 연구한 *Le Roman à Éditeur*와, 이야기가 있는 텍스트의 기능 방식을 연구하는 학문인 서사학과 여성이라는 특정 집단의 이익에 봉사하는 페미니즘의 관계에 대한 연구인 ≪서사학과 페미니즘≫이 있다. 역서로는 엘렌 식수의 저서 ≪새로 태어난 여성≫을 비롯해 ≪쿠데타와 공화정≫, ≪플로스 강의 물방앗간≫(공역), ≪프랑스 혁명의 지적 기원≫(공역), ≪수녀≫, ≪조씨 고아≫, ≪캉디드≫, ≪철학 편지≫, ≪두 친구≫, ≪각성≫, ≪보바리 부인≫ 등이 있다.